全国交通高级技工学校通用教材

Fadongji yu Qiche Lilun

发动机与汽车理论

（汽车维修、汽车电工、汽车检测专业用）

姜清浩　主编
邵登明　主审

人民交通出版社

内 容 提 要

本教材是高级技工学校汽车维修、汽车电工和汽车检测等3个专业的统编教材，依据全国交通技工学校汽车专业教材编审委员会制订的教学计划和大纲编写而成。教材采用单元课题式体系编写，能满足模块式和理实一体化教学方法的需要。

本书主要内容包括：工程热力学基础，发动机热力循环和性能指标，发动机的换气过程，发动机的燃烧过程，发动机的特性，汽车的动力性，汽车的制动性，汽车燃料经济性，汽车的操纵稳定性，汽车的舒适性和通过性等，共十个单元。

图书在版编目（CIP）数据

发动机与汽车理论 / 姜清浩主编 . —北京 ：人民交通出版社，2005.9（2007.9 重印）

ISBN 978-7-114-05745-8

Ⅰ. 发… Ⅱ. 姜… Ⅲ. 汽车 – 发动机 – 理论 – 技工学校 – 教材 Ⅳ. U464

中国版本图书馆 CIP 数据核字（2005）第 101324 号

书　　名： 发动机与汽车理论
著 作 者： 姜清浩
责任编辑： 张大勇
出版发行： 人民交通出版社股份有限公司
地　　址： （100011）北京市朝阳区安定门外外馆斜街 3 号
网　　址： http://www.ccpress.com.cn
销售电话： （010）59757973
总 经 销： 人民交通出版社股份有限公司发行部
经　　销： 各地新华书店
印　　刷： 北京市密东印刷有限公司
开　　本： 787×1092　1/16
印　　张： 8.75
字　　数： 206 千
版　　次： 2005 年 9 月第 1 版
印　　次： 2017 年 1 月第 9 次印刷
书　　号： ISBN 978-7-114- 05745-8
印　　数： 22001–24000 册
定　　价： 16.00 元

交通技工学校汽车专业教材
编 审 委 员 会

前 言

随着汽车工业的飞速发展,汽车的新技术、新工艺不断更新,汽车的使用维修人员从技术上和数量上都跟不上发展的需要。为此,教育部等六部委于2003年12月联合发出通知,将汽车运用与维修等四个专业领域确定为技能型人才紧缺的领域,并决定实施“职业院校制造业和现代服务业技能型紧缺人才培养培训工程”。

为了适应社会经济发展和汽车运用与维修专业技能型紧缺人才培养的需求,交通技工学校汽车专业教材编审委员会于2004年初组织编写了汽车维修、汽车电工、汽车检测三个专业高级工教材。本套教材的特点是:

1. 教材选的车型以轿车为主,内容反映目前汽车的新技术、新工艺,使学生能学到更多的知识。

2. 教材内容与高级工等级考核相吻合,便于学生毕业后适应岗位技能需求。

3. 教材体现了通俗易懂,以图代文,图文并茂的形式,使教材更为生动,提高学生的学习兴趣。

4. 教材适于理论和实践一体化模块式的教学模式,在必需的理论基础上突出技能教学,使学生通过一段时间的实习,很快适应高级工的运用和操作。

《发动机与汽车理论》是全国交通高级技工学校通用教材之一,内容包括:工程热力学基础,发动机热力循环和性能指标,发动机的换气过程,发动机的燃烧过程,发动机的特性,汽车的动力性,汽车的制动性,汽车燃料经济性,汽车的操纵稳定性,汽车的舒适性和通过性等,共十个单元。

参加本书编写工作的有:新疆技师学院孔令忠(编写单元一、单元三、单元四和单元五),杭州市汽车技校张汛(编写单元六、单元八、单元九和单元十),湖北汽车学校姜清浩(编写单元二和单元七)。全书由姜清浩担任主编,杭州汽车技校邵登明担任主审。

限于编者经历和水平,教材内容难以覆盖全国各地的实际情况,希望各教学单位在积极选用和推广系列教材的同时,注重总结经验,及时提出修改单元和建议,以便再版修订时改正。

交通技工学校汽车专业教材编审委员会

2005年7月

目　录

单元一　工程热力学基础

工程热力学主要是研究热能与机械能之间相互转换的一门科学。它从工程技术的观点出发,把热力学基本定律应用到工程技术领域中,通过分析热力工程中有关的热力过程、热功转换的规律和方法,从理论上探讨提高发动机热效率的途径。

本单元主要研究工质的热力性质,并介绍热力学基本定律和基本的热力过程。

课题一　气体的热力性质

一、气体工质的基本概念

1. 工质

在热力学中,通常将实现热能与机械能相互转换的工作物质称为工质。由于气体具有良好的流动性和膨胀性,因此汽车发动机采用的工质都是气体。

2. 热力系统

在热力学中,将作为研究对象的某一宏观尺寸范围内的工质称为热力系统,如气缸内的气体。此外,有时也将热力系统以外和热功转换过程有关的其它物体统称为外界。

3. 热力状态

在热力学中,把工质在某一时刻所处的宏观状况称为工质的热力状态,简称"状态"。

在研究中,为便于说明气体状态的变化,可以选用一些物理量来描述气体所处的状态,这些用来描述气体状态的物理量称为气体的状态参数,如温度、压力和容积等。

4. 热力过程

在热力学上,将热力系统中的工质从某一初始状态变化到另一状态所经历的整个过程称为热力过程。

二、基本状态参数

工程热力学中规定的气体状态参数有很多,而发动机原理中常用的是温度(T)、压力(p)和比体积(v)3 个可测量的状态参数,并称为工质的基本状态参数。

1. 温度

在分子运动学中,温度反映了分子无规则运动的剧烈程度,是大量分子的运动动能平均值的标志。

热力学中所用的温度是开氏温度,用符号 T 表示,单位为开尔文,简称开,单位符号为 K。K 是国际单位制(SI)的基本单位。国际单位制规定,采用水的三相点温度,即水的固相(冰)、液相(水)和气相(水蒸气)三相平衡共存的温度,作为定义热力学基准,并严格规定水的三相点温度为273.16K,而热力学温度1K等于三相点温度的1/273.16。

工程上所用的摄氏温度用符号t表示,单位为摄氏度,单位符号为℃。摄氏温度与热力学温度的关系为$t = T - 273.16$。工程上为了简化计算,常把摄氏温度与开氏温度的换算关系式近似写为$t = T - 273$。需要说明的是,只有开氏温度才是状态参数,开氏温度均为正值。

2. 压力

工质在单位面积上所受的垂直作用力称为压力,即压强,用p表示。气体的压力就是气体对单位面积容器壁所施加的垂直作用力。按分子运动学说,气体的压力实质是大量分子无规则频繁碰撞容器壁所产生的平均作用力。压力的单位是帕斯卡,简称帕,单位符号Pa,工程上常用千帕(kPa)或兆帕(MPa)作压力单位。

$$1\text{kPa} = 10^3\text{Pa}$$

$$1\text{MPa} = 10^6\text{Pa}$$

气体作用在容器壁上的真实压力也叫绝对压力。绝对压力P是气体的状态参数之一,它表示工质的真实状态。由于绝大多数用来测量压力的仪器只能指示出绝对压力与周围大气压P_0间的差值,不能直接指示出绝对压力,因而,绝对压力大多通过压力换算得到。

高于大气压的压力用压力表测量。设测出的表压力为P_{B},则气体的绝对压力为

$$P = P_0 + P_B$$

低于大气压的压力用真空表测量,测出的表压力值称为真空度P_{C}。真空度表示气体压力低于大气压的值。此时,气体的绝对压力为

$$P = P_0 - P_C$$

因为表压力与真空度与大气压有关,故它们均不是状态参数。P、P_{B}、P_{C}、P_0之间的关系如图1-1所示。

必须注意:只有绝对压力才是气体的状态参数。

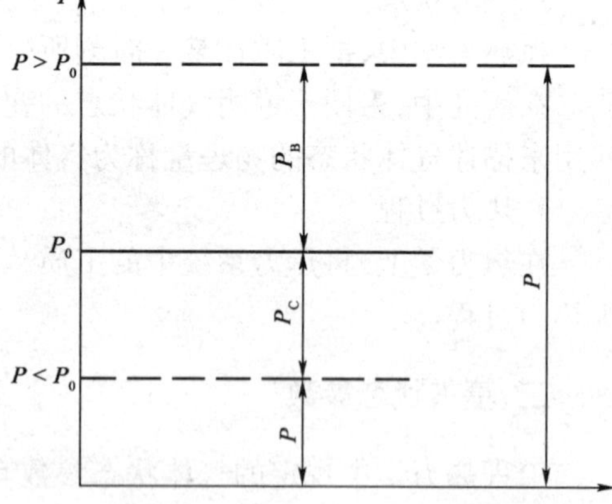

图1-1　绝对压力、表压力与真空度的相互关系

3. 比体积

单位质量的气体所占的容积称为气体的比体积,用符号v表示,单位为m^3/kg,则

$$v = \frac{V}{m}$$

式中:V——气体的总容积,m^3;

m——气体的质量,kg。

反之,单位容积的质量称为密度,用符号ρ表示

$$\rho = \frac{M}{V} = \frac{1}{v}$$

即物质的比体积与密度互为倒数关系。

三、理想气体状态方程

理想气体仅是热力学研究中的一种理想模型。所谓理想气体,就是假设分子本身不占体

积,分子之间也没有吸引力的气体。在对汽车发动机的研究过程中,空气、混合气和废气均可近似看作理想气体。

在工程热力学中,当热力系统处于平衡状态,组成热力系统的各部分之间没有热量交换,各部分具有确定不变的状态参数。当系统处于平衡状态时,理想气体的各部分具有相同的压力、比体积和温度。热力学中把理想气体的温度、压力和比体积三者之间的关系式称为理想气体状态方程。

对于1kg的理想气体,其状态方程为

$$P_{\mathrm{v}} = RT$$

式中:R——气体常数,其数值取决于气体的性质,单位J/(kg·K)。

理想气体状态方程给出任意状态下3个基本状态参数之间的相互关系,如果任意两个状态参数已定,则第3个状态参数可由状态方程式给出。因此,在分析发动机的工作过程时,通常用两个状态参数组成的坐标图来表示气体状态的变化过程,如图1-2所示为压力—比体积坐标图,简称压容图或 $p-v$ 图。

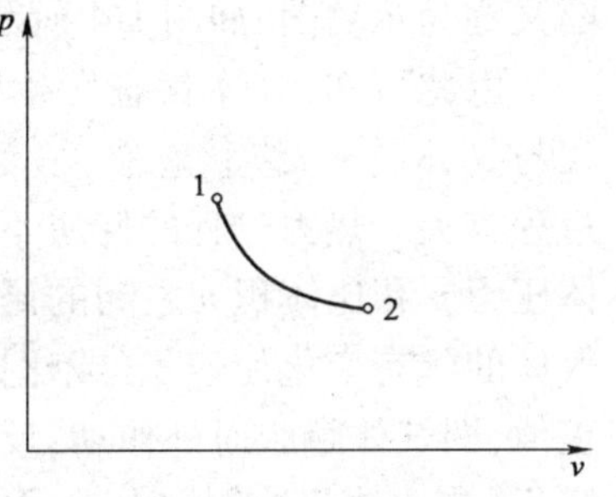

图1-2　$p-v$ 图

四、工质的比热容

实践证明:当工质温度发生变化时,所吸收(或放出)热量的多少,不仅取决于工质的温度变化范围,还与工质的数量、工质本身的性质以及加热过程有关。为了能说明工质吸热(或放热)能力的大小,需要引入比热容的概念。

所谓比热容,就是单位量的物质温度升高(或降低)lK时所吸收(或放出)的热量。

比热容可以按下列两种方法分类:

(1)根据对气体数量多少所取单位不同,工程上常用的比热容有下列3种:

①质量比热容:1kg气体温度升高(或降低)lK所吸收(或放出)的热量,用 c 表示,单位为J/(kg·K)。

②容积比热容:1m^3 气体温度升高(或降低)lK时所吸收(或放出)的热量,用 c' 表示,单位为J/(m^3·K)。

③摩尔比热容:1kmol气体温度升高(或降低)lK所吸收(或放出)的热量,用 C 表示,单位为J/(kmol·K)。

(2)根据气体在加热(或冷却)过程中的性质不同,可分为定容比热容和定压比热容两类。其中定容比热容是指气体在加热过程中容积保持不变的比热容,定压比热容是指气体在加热(或冷却)过程中压力保持不变的比热容。

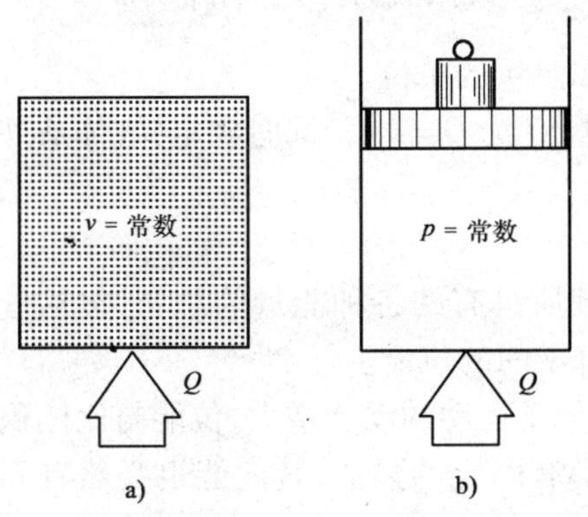

图1-3　两种加热过程
a)定容加热过程;b)定压加热过程

在定容加热过程中(图1-3a)),加入的热量只用于使工质的温度升高,不对外作功;在定压加热过程中(图1-3b)),加入的热量除了使工质温度升高以外,还推动活塞移动了一个距离 s,工质对活塞作了功。通常 c_{p} 大于 c_{r}。

课题二　热力学第一定律

一、功、热量和内能

1. 功

在热力学中，功是指当气体的压力和容积发生变化时，气体与外界之间相互传递的机械能。功的符号用 W 表示，单位为焦耳，符号为“J”，也常用“kJ”，$1kJ = 10^3J$。

根据积分原理，1kg 气体对外界所作的功即是在 p—v 图上曲线下面的面积。因而，p—v 图又称为示功图，如图 1-4 所示。

由此可知，气体状态发生变化时，对外所作的功不仅与气体的初、终状态有关，而且与气体所经历的热力过程有关。热力过程的性质不同（如吸热或放热等），气体压力 p 和比体积 v 之间的函数关系也不同。此外，当气体的状态变化使容积（或比体积）增加时，所作的功为正值，即气体膨胀对外作功；反之，当气体的状态变化使容积（或比体积）减小时，所作的功为负值，即外界对气体作功使气体压缩。

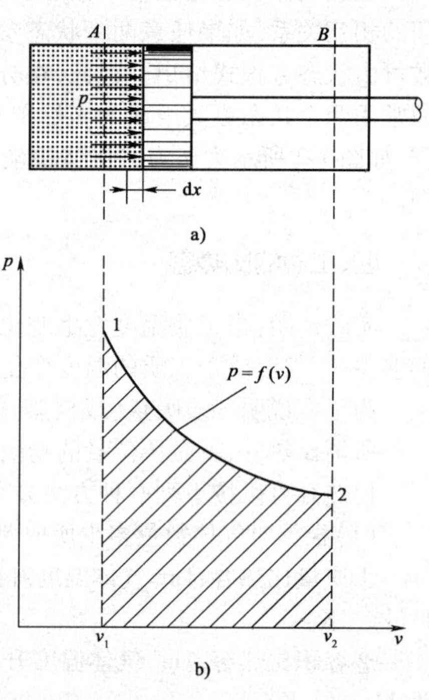

图 1-4　1kg 气体对外所作的功

2. 热量

温度不同的两个物体相互接触时，就会有热量传递，传递热量的多少与两个物体的大小和温度差有关。按状态参数的定义，功和热量都不是气体的状态参数，它们的数值与气体所处的状态无关。热量和功的根本区别在于：功是两物体间通过宏观的运动发生相互作用而传递的能量，热量则是两物体间通过微观的分子运动发生相互作用而传递的能量。

通常 1kg 气体与外界传递的热量用符号 q 表示，$m$kg 气体与外界传递的热量用符号 Q 表示。热量的国际单位与功一样为焦耳，单位符号为 J，工程上也常用 kJ 作热量的单位。

$m$kg 气体的温度从 T_1 变化到 T_2 时，吸收或放出的热量 Q 为 $Q = mq$。同时规定，气体从外界吸收热量为正，气体向外界放出热量为负。

3. 内能

能量是物质运动的度量。气体的内能就是指气体内部所具有的各种能量的总和，包括气体分子移动动能、分子转动动能、分子内部的振动动能和分子间的位能。

分子运动的动能仅取决于气体的温度，随温度的升高分子运动的动能增大，位能与比体积有关。当气体的状态一定时，气体的温度、压力和比体积都有固定的数值，其内能也必然有固定的数值，因此内能也是气体的状态参数。

对于理想气体而言，理想气体的内能仅指其内部动能，它是温度 T 的单值函数。1kg 气体

的内能用符号 u 表示，单位为 J/kg，则

$$u=f(T)$$

只要工质初终态的温度确定，不论其间经过什么过程，其内能的变化量 Δu 都相等。

二、热力学第一定律

在热力学中，热力学第一定律可以表述为：热和功可以相互转换，为了要获得一定量的功，必须消耗一定量的热；反之，消耗一定量的功，必会产生一定量的热。设 Q 表示转变为功的热量，W 表示转换过来的功，则 $Q=W$

热力学第一定律是能量转换与守恒定律在热力学中的具体表述，其意义在于告诉人们不消耗能量而可获得机械功的第一类永动机是不存在的。在利用气体实现热功转换的发动机工作过程中，气体与外界交换的机械功和热量与其内能的变化量三者之间遵循能量守恒原则。

根据能量转换与守恒定律，1kg 气体由状态 1 变化到状态 2 所经历的过程中，如果气体与外界交换的热量为 q_{1-2}，机械功为 w_{1-2}，内能的变化量为 u_2-u_1，三者之间的平衡关系可用能量平衡方程表示为

$$q_{1-2}=u_2-u_1+w_{1-2}$$

$m$kg 气体由状态 1 变化到状态 2 所经历的过程中，则有

$$Q_{1-2}=U_2-U_1+W_{1-2}$$

上述能量平衡方程表明，气体在经历的状态变化过程中，从外界吸收的热量等于其内能的增加量与对外所作的机械功之和。方程中各项可为正数，也可为负数。总结于表 1-1 所示。

功、热量和内能的正负　　表 1-1

热量 q 或 Q	工质从外界吸收热量	正
	工质向外界放出热量	负
功 w 或 W	工质膨胀对外作功	正
	工质压缩消耗功	负
内能增量 u_2-u_1 或 U_2-U_1	工质内能增加	正
	工质内能减少	负

课题三　基本热力过程

发动机的工作是靠热力循环进行的，每个热力循环都是由相当复杂的热力过程所构成。为了分析研究的方便，可以近似地利用几个特殊的热力过程来代替那些较为复杂的热力过程。在工程热力学中，典型的热力过程有等容过程、等压过程、等温过程、绝热过程和多变过程。

一、等容过程

工质的容积保持定值不变的热力过程称为等容过程。例如密封容器内气体的加热或冷却即属于此过程。

1. 过程方程式

$$v = \text{常数}$$

在 $p—v$ 图中，等容线是一条垂直于 v 轴的直线。图1-5 中的1—2 线或1—2′线。

2. 初、终态气体状态参数之间的关系

$$\frac{P_1}{T_1} = \frac{P_2}{T_2}$$

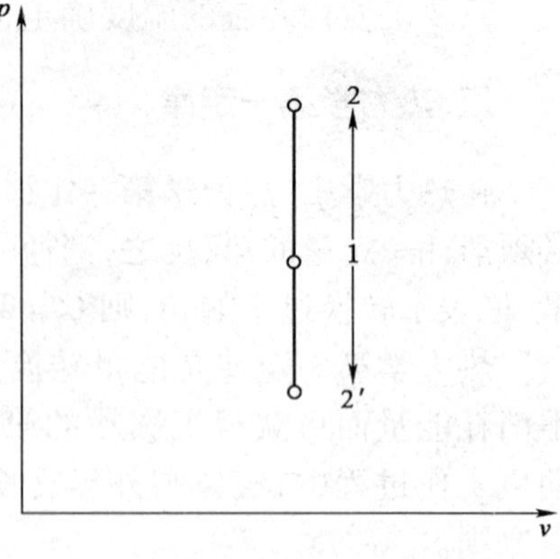

图1-5 等容过程 $p—v$ 图

3. 气体所做的功

由于 v = 常数，故气体所做的功为零。

4. 热量交换

对于过程1—2，$T_2 > T_1$，$q > 0$，为加热过程；对于过程1—2′，$T_1 > T_2'$，$q < 0$，为冷却过程。

5. 内能变化

对于过程1—2，$q > 0$，$\Delta u > 0$，工质所吸收的热量全部用于内能的增加；对于过程1—2′，$q < 0$，$\Delta u < 0$，工质所放出的热量等于内能的减小。

二、等压过程

工质压力保持定值不变的热力过程称为等压过程。

1. 过程方程式

$$p = \text{常数}$$

如图1-6 中在 $p—v$ 图上等压过程曲线为平行于 v 轴的一根直线，即1—2 或1—2′。

2. 初、终态参数的关系

$$\frac{v_1}{T_1} = \frac{v_2}{T_2}$$

3. 气体所作的功

在过程1—2，$w > 0$；在过程1—2′，$w < 0$。

4. 热量交换

对于过程1—2，$q > 0$，吸热；过程1—2′，$q < 0$，放热。

5. 内能的变化

对于1—2 过程，内能 $\Delta u > 0$，放出的热量来自内能的减少和消耗外功；对于1—2过程，内能 $\Delta u < 0$，气体吸收的热量用于内能的增加和对外输出功。

三、等温过程

工质的温度保持定值不变的热力过程，称为等温过程。

1. 过程方程式

由于 T = 常数，故 $pv = RT$ = 常数。等温线是一条以坐标轴为渐近线的等边双曲轴线，见图1-7。

2. 初、终态参数之间的关系

$$p_1 v_1 = p_2 v_2 = \text{常数}$$

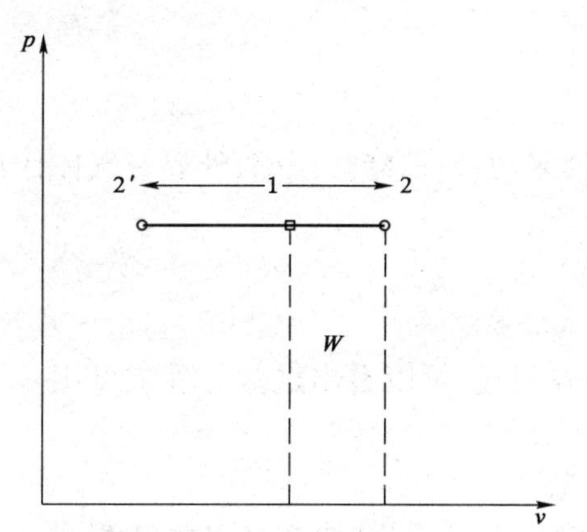

图 1-6　等压过程 p—v 图

图 1-7　等温过程 p—v 图

3. 气体所作的功

对于过程 1—2，$w>0$；对于过程 1—2′，$w<0$。

4. 热量交换

$$q=\Delta u+w=c_v\Delta T+w=0+w=w=RT\ln\frac{v_2}{v_1}$$

5. 内能变化

$$\Delta u=C_v\Delta T=0$$

所以 1—2 过程气体吸收的热量用于对外作功，1—2 放出的热量从外界对气体作功转化而来。

四、绝热过程

当工质和外界间始终没有热量交换时工质所进行的热力过程称为绝热过程。

1. 过程方程式

$$pv^k=常数$$

式中：k 为绝热指数。

在 p—v 图中，绝热线是一条以坐标轴为渐近线的不等边曲线，见图 1-8。因为 $K>1$，由图可以看出，在绝热膨胀过程中，气体压力的下降比等温膨胀过程来得快。这就是说，在 p—v 图上绝热线比等温线稍陡。

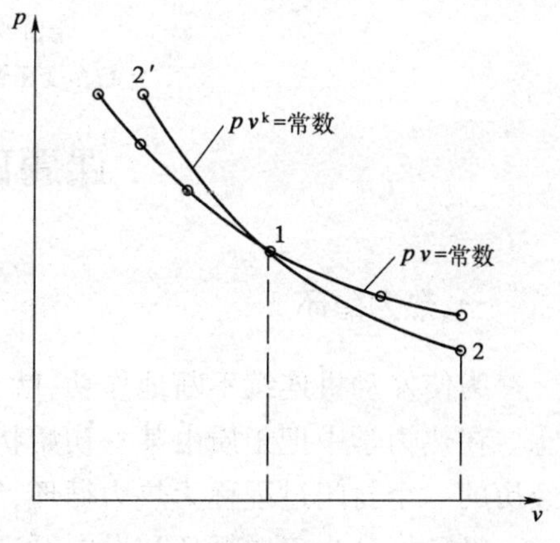

图 1-8　绝热过程 p—v 图

2. 初、终态参数间关系

$$p_1v_1^k=p_2v_2^k$$

$$\frac{T_2}{T_1}=\left(\frac{v_1}{v_2}\right)^{k-1}=\left(\frac{P_2}{P_1}\right)^{\frac{k-1}{k}}$$

3. 气体所作的功

由于 $dq=0$，$\Delta u+w=0$，所以

$$w=-\Delta u$$

4. 热量交换

$$q = 0$$

5. 内能变化

1—2 绝热膨胀，以气体内能减少换取气体的膨胀功；1—2 绝热压缩，外界对气体作功使内能增加。

五、多变过程

比较以上所研究过的四种典型的热力过程的方程式，可以看出这些方程式可用一个普遍方程式来表示

$$Pv^n = 常数$$

式中指数 n 可以为任何一个常数，称为多变指数，此方程称“多变过程方程式”。

前述四种典型的热力过程都是多变过程的特例。

当 $n = 0$ 时，$pv^0 = p =$ 常数，是等压过程；当 $n = 1$ 时，$pv^1 = pv =$ 常数，为等温过程；当 $n = k$ 时，$pv^k =$ 常数，为绝热过程；当 $n = \infty$ 时，$v =$ 常数，为等容过程。

pv^n 等于常数可以概括许多热力过程。当 n 为某一定值时，pv^n 就代表一个特定过程。多变过程在 $p—v$ 图上的位置如图 1-9 所示。

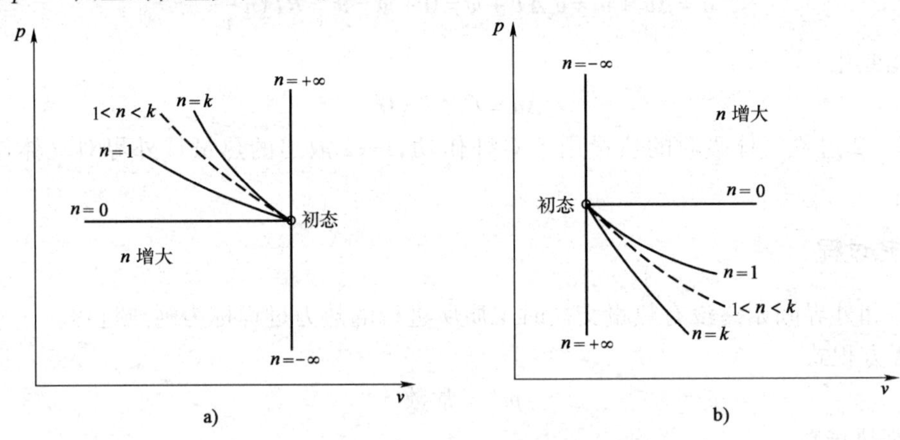

图 1-9　多变过程在 $p—v$ 图上的位置

a）多变压缩过程 $p—v$；b）多变膨胀过程 $p—v$ 图

课题四　热力学第二定律

一、热力循环

为使发动机连续不断地作功，就必须在气体膨胀作功后，通过外界使其压缩再回到初始状态。在热力学中把工质由某一初始状态出发，经过一系列的状态变化再重新回到初始状态所经历的一个封闭过程称为热力循环，简称循环。

循环可分为正向循环和逆向循环。热能转换成机械功的循环称为正向循环，如汽车发动机的工作循环。消耗外界机械功而将热量从低温物体传递高温物体的循环称为逆向循环，如

冰箱、空调的循环。

在一个循环中，由于气体从某一个初始状态经过一系列的状态变化再回到初始状态，所以循环可用 p—v 图上的封闭曲线来表示，如图 1-10 所示。

设封闭曲线 $1-a-2-b-1$ 表示 1kg 工质进行的正向循环。由 p—v 图可以看出，工质在 $1-a-2$ 膨胀过程中吸收热量 q_1，并对外界作功；在 $2-b-1$ 压缩过程中消耗机械功，并向外界放出热量 q_2；工质膨胀时对外界作的功大于压缩时消耗的功，循环中工质所作的净功 w_0 可用 P-v 图上封闭曲线 $1-a-2-b-1$ 所包围的面积（图中阴影部分）来表示；循环中工质从外界吸收的净热量为膨胀过程吸收热量的绝对值 q_1 与压缩过程向外界释放同热量的绝对值 q_2 的差值，即 (q_1-q_2)。由于工质经过一个循环又回到初始状态，其内能不发生变化，即 $\Delta u=0$。根据热力学第一定律则可得出

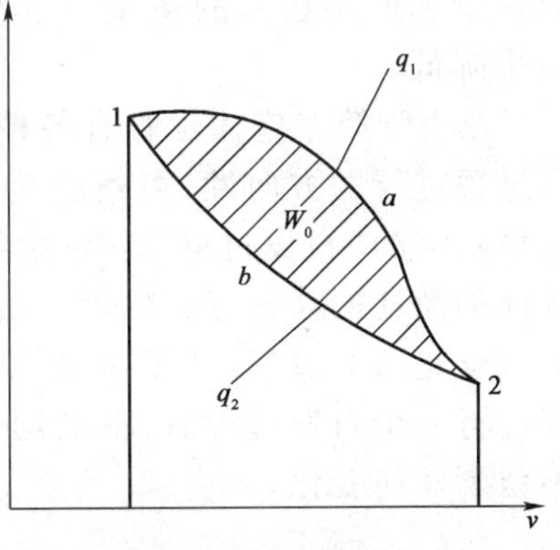

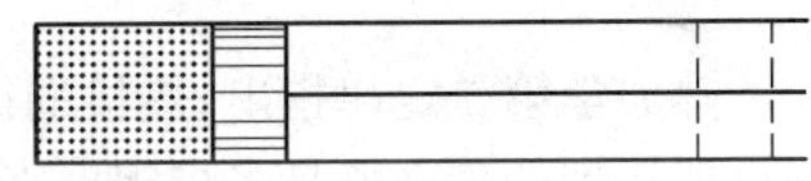

图 1-10　热力循环 p—v 图

$$q_1-q_2=w_0$$

上式说明，工质在循环中从高温热源吸收热量 q_1，只将其中的一部分转换成机械功 w_0，而另一部分热量 q_2 传递给低温热源。

对 $m$kg 工质进行的热力循环，循环净功与循环净热量之间的关系则为

$$Q_1-Q_2=W_0$$

式中：W_0——工质在循环中做的净功，J；

Q_1——工质在循环中吸收的热量，J；

Q_2——工质在循环中放出的热量，J。

二、热力学第二定律

热力学第一定律和第二定律是热力学的理论基础。根据热力学第一定律可知热功转换时能量守恒，但热力学第一定律解决不了在热机中燃料燃烧所产生的热量能否全部地利用来作功的问题。要回答这一类热功转换条件的问题，必须依赖热力学第二定律。

热力学第二定律常用的表述说明了实现某种具体热功转换过程的必要条件。由于这种具体过程非常多，因此：

其一，热力学第二定律的开尔文—普朗克说："不可能建造一种循环工作的机器，其作用只是从单一热源取热并全部转变为功，而不引起其它变化。"其中"单一热源"是指温度均匀并且恒定不变的热源。"其它变化"就是指除了由单一热源吸热，把所吸的热用来作功以外的任何其它变化。这一表述说明，从单一热源（如大气、海洋或大地等）不断地吸取热量而将它全部转换成机械功的第二类永动机是不可能制成的，为了获得机械功，至少必须有两个热源，即高温热源和低温热源，热机工作时，从高温热源取得热量，只能把其中一部分转变为机械功，而把其余的一部分热量传递给低温热源。任何热机循环的热效率都不可能达到 100%。

其二，热力学第二定律的克劳修斯说法为：“不可能将热量由低温物体传向高温物体而不引起其它变化。”这一表述说明：不管利用什么机器，都不可能不付代价地实现把热量由低温物体转移到高温物体。各种制冷机都必须消耗功并把这些功转换为热量和低温物体的热量一起传给高温物体，才能获得制冷，使低温物体的温度进一步降低。

热力学第二定律尽管有各种不同的表达方式，但其实质都是从不同的现象来说明热力过程进行的方向性，可概括为这样一个事实：一切自发地实现的过程都是不可逆的。这里所谓的“自发过程”是指符合自然规律、能够自发地无条件地实现的过程，例如压缩气体的消耗的功转变成热量，或温度不同的两个物体接触时热量由高温物体传向低温物体等就是这类过程。“不可逆”是指自发过程的反向过程是不能无条件地自发地实现的，即进行一个自发过程后，不论用何种复杂的方法，都不可能使系统和外界都恢复原状而不留下任何变化。

三、卡诺循环

热力学第二定律指出，热机的循环热效率不可能达到100%。那么，在一定条件下，热效率可能达到的最高值是多少呢？卡诺循环即回答了这个问题。

卡诺循环是最理想的循环方案，是由两个可逆等温过程和两个可逆绝热过程交错组成的。图1-11所示为卡诺循环在p—v图上的表示。

其4个过程简要分析如下：

(1)等温膨胀过程($a \to b$)：工质由状态a在等温下从恒温热源(或高温热源)吸取热量q_1而变化至状态b；

(2)绝热膨胀过程($b \to c$)：工质由状态b进行绝热膨胀到状态c，此时温度由T_1降到T_2；

(3)等温压缩过程($c \to d$)：工质由状态c等温压缩，并向恒温冷源(或低温热源)放出热量q_2，而达到状态d；

(4)绝热压缩过程($d \to a$)：工质由状态d通过绝热压缩回复到状态a，此时温度由T_2上升到T_1，完成了一个循环。

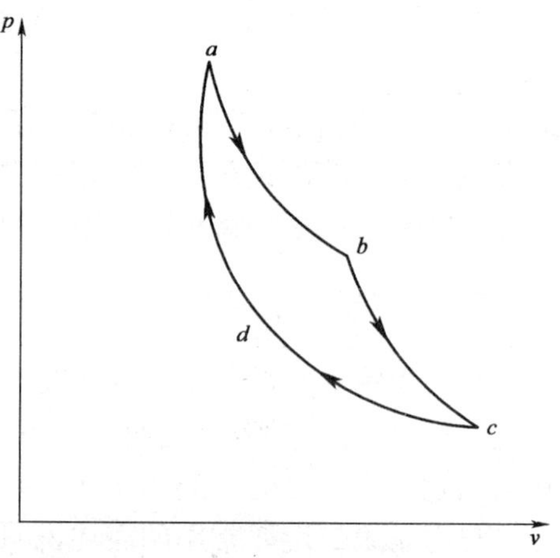

图1-11　卡诺循环在p—v图上的表示

显然这个循环是由4个可逆过程组成的，因而是理想的循环，但实际上是无法实现的。然而，通过对卡诺循环的分析，可以得出在一定条件下热能的最大利用率，因而具有较大的理论价值。如：

(1)卡诺循环的热效率仅仅取决于热源和冷源的温度，而与工质的性质无关；

(2)卡诺循环的热效率总是小于1。如果等于1，则必然使得$T_1 = \infty$或$T_2 = 0$，这都是不可能实现的。然而在T_1和T_2温度范围内，卡诺循环是一切正向循环中热效率最高的；

(3)提高循环热效率的途径有两条，一是提高热源的温度T_1，另一条是降低冷源的温度T_2；

(4)当 $T_1 = T_2$ 时,循环的热效率为零。这就是说,在温度平衡系统中不可能将热能转化为机械能,或者说借单热源作功的机器是不可能的。

卡诺循环虽然至今难以实现,但是它对如何提高热机的循环效率从理论上指明了正确的方向。即改进一切热力发动机循环的方向使实际循环尽可能地接近卡诺循环,并以卡诺循环为标准来评价热机的热功转换完善程度。

单元二　发动机热力循环和性能指标

发动机热力循环和性能指标是发动机理论的重要内容。本单元主要论述四冲程发动机的实际循环、理想循环、指示指标、有效指标及其机械效率。

课题一　发动机的循环

发动机循环的各个过程进行情况直接影响发动机的性能。研究发动机的循环，在于分析影响发动机性能的各种因素，分析实际循环与理想循环的差异，进而找出改善发动机循环、提高发动机性能的一般规律。

一、发动机的实际循环

发动机的工作过程就是实际循环不断重复进行的过程。发动机实际循环通常用气缸内工质的压力 p 随气缸容积 V(曲轴转角 θ)而变化的图形来表示。如图 2-1 所示为四冲程非增压发动机实际循环 $p—V$ 图和 $p—\theta$ 图。

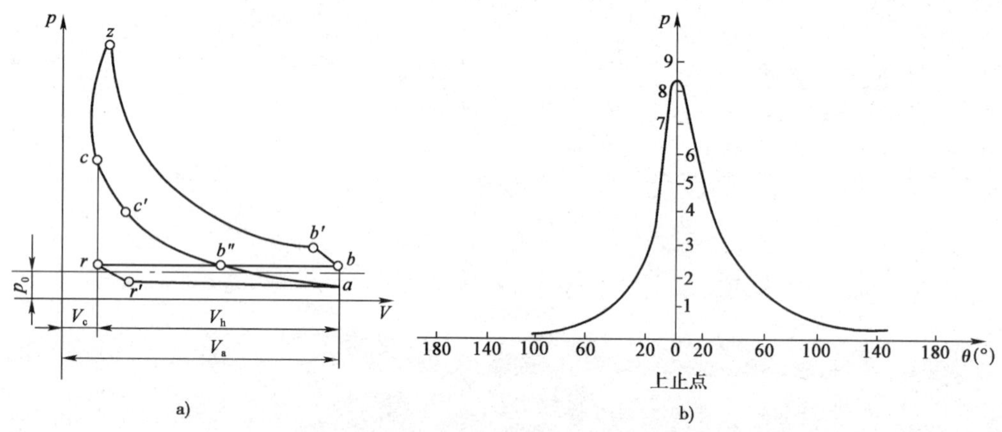

图 2-1　四冲程非增压发动机实际循环图

a)$p—V$ 图；b)$p—\theta$ 图

P_0-大气压力；V_c-燃烧室容积；V_h-气缸工作容积；V_a-气缸总容积

四冲程发动机的实际循环由进气、压缩、燃烧、膨胀和排气 5 个热力过程组成。

1. 进气过程(见图 2-1a)中 $r—a$ 线)

进气过程是发动机将新鲜空气或混合气吸入气缸的过程，其作用是为热功转换做准备。

在进气过程中，活塞由上止点向下止点移动，进气门在活塞到达上止点前开启，排气门在活塞到达上止点后关闭。

进气过程的初始点 r 是上一循环排气过程的终点。由于上一循环排气过程中残留在燃烧室内的废气压力（r 点的压力 p_r）高于大气压力 p_0，所以进气过程开始后，随着活塞下行，首先是残余废气膨胀，使气缸内气体的压力下降。直到气缸内气体的压力下降到低于大气压力的 r' 点时，在压力差的作用下，新鲜气体经发动机进气系统被吸入气缸。

由于进气系统有阻力，进气终了的压力（a 点的压力 p_a）仍低于大气压力。新鲜气体进入气缸后，因受到高温机件和残余废气的加热，进气终了的温度（a 点的温度 T_a）总是高于大气温度 T_0。进气终了的温度 T_a 和压力 p_a 一般为：

汽油机

$$p_a = (0.80 \sim 0.95)p_0$$
$$T_a = 310 \sim 340\text{K}$$

柴油机

$$p_a = (0.75 \sim 0.90)p_0$$
$$T_a = 370 \sim 400\text{K}$$

进气过程进行的好坏，可用实际进入气缸的新鲜空气或混合气的数量来评定。由理想气体状态方程不难得出：在气缸容积一定时，提高进气终了压力、降低进气终了温度是增加进气量的有效措施。进气量的增加意味着循环加热量的增加，循环热效率一定时，可增加循环净功，从而提高发动机动力性。

在实际发动机工作过程中，由于进气门的迟后关闭和进气流的惯性，新鲜气体被吸入气缸的过程直到活塞到达下止点（a 点）后，进气门关闭为止。

2. 压缩过程（图 2-1a）中的 a—c 线）

活塞在气缸内压缩工质的过程，即为压缩过程。压缩过程的作用是提高气缸内气体的温度和压力，为着火燃烧创造有利条件。同时，通过压缩过程使活塞回到上止点位置，以便为气体推动活塞作功做好准备。

在压缩过程中，活塞从下止点向上止点移动，排气门仍处于关闭状态，进气门也在下止点（a 点）后不久关闭。缸内气体受压后温度和压力不断上升。气体被压缩的程度用压缩比 ε 表示。压缩比等于压缩初始气体的容积与压缩终了气体的容积之比，即

$$\varepsilon = \frac{V_a}{V_c} = \frac{V_c + V_h}{V_c} = 1 + \frac{V_h}{V_c}$$

式中：V_c——燃烧室容积；

V_h——气缸工作容积；

V_a——气缸总容积。

压缩比是发动机的重要结构参数之一。压缩比过低会使发动机动力性、经济性和排放性下降。提高压缩比又受到机件强度和不正常燃烧的限制。一般发动机的压缩比为：汽油机，$\varepsilon = 8 \sim 12$。柴油机，$\varepsilon = 14 \sim 22$。

发动机的实际压缩过程是一个复杂的热力过程。整个压缩过程总体来说，缸内气体的放热量大于其吸热量。不难想象，将压缩过程所消耗的机械功全部转变成气体的内能贮存起来是最理想的，也就是说压缩过程最好没有热量损失。但实际发动机压缩过程中，气缸内气体的

平均温度总是高于与之接触的机件，所以不可避免存在传热损失。此外气体泄漏和摩擦也会造成能量损失。

在实际工作中，经常测量压缩终了的压力（c 点的压力 p_c），用于评定发动机的性能或诊断故障。

压缩终了的温度 T_c 和压力 p_c 一般为：

汽油机

$$p_c = 834 \sim 1960\text{kPa}$$
$$T_c = 600 \sim 700\text{K}$$

柴油机

$$p_c = 2940 \sim 4900\ \text{kPa}, T_c = 750 \sim 950\text{K}$$

3. 燃烧过程（图 2-1a）中的 c—z 线）

燃烧过程是指气缸内的混合气通过外源点火或自燃烧的过程，其作用是通过燃料燃烧对气缸内的气体加热，以提高缸内气体的温度和压力，为膨胀作功积聚能量。

在汽油机中，当活塞位于压缩上止点前（图 2-2b）中点 c'），由电火花点燃混合气，火焰迅速传遍整个燃烧室，使缸内气体的温度和压力急剧上升，其压力在极短的时间内达到最高值。由于汽油机燃烧过程进行的速度快，燃烧过程中气缸内的容积变化很小，所以对气缸内气体而言，经历的热力过程（图 2-2b）中 c—z'线）接近"定容加热过程"。

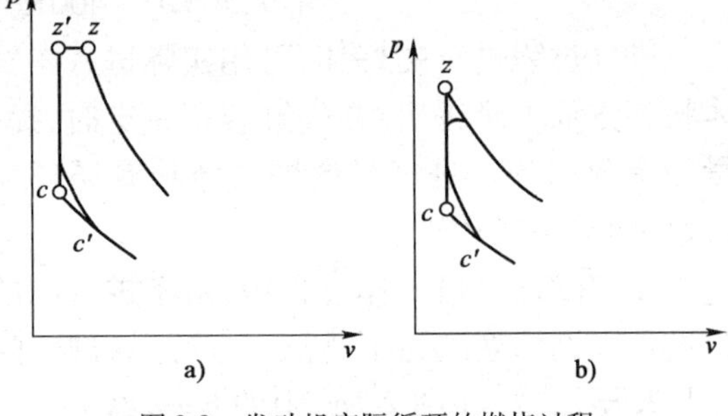

图 2-2　发动机实际循环的燃烧过程

a）柴油机；b）汽油机

在柴油机中，同样应在上止点前开始喷油和燃烧。由于柴油的混合气是在气缸内部形成的，燃烧开始时，燃烧速度很快，气缸容积变化很小，缸内的气体经历的热力过程（图 2-2a）中 c—z'线）接近"定容加热过程"；随后是边喷油边形成混合气边燃烧，燃烧速度减慢，而且活塞下移使气缸容积增大，尽管仍在对缸内气体加热，但其压力变化不大，只是温度仍继续增高，所以后期缸内气体经历的热力过程（图 2-2a）中 z'—z 线）接近"定压加热过程"。

燃烧过程放出的热量越多，放热时越靠近上止点，则热效率越高。

在实际燃烧过程中，不仅有散热损失，燃烧不完全损失，而且由于燃烧不是瞬时完成的，需要一定时间，因此还存在非瞬时燃烧损失。

燃烧最高温度 T_z 和压力 p_z 一般为：

汽油机

$$p_z = 2940 \sim 4900\text{kPa}, T_z = 2200 \sim 2800\text{K}$$

柴油机

$$p_z = 5880 \sim 8830\text{kPa}, T_z = 1800 \sim 2200\text{K}$$

4. 膨胀过程（图 2-1a）中 z—b 线）

膨胀过程是燃烧后的高温、高压气体膨胀推动活塞移动作功的过程。

在膨胀过程中，进、排气门均关闭，活塞由上止点向下止点移动，随着气缸容积增大，气体的压力、温度迅速下降。

发动机的实际膨胀过程与压缩过程中情况相似，也是一个复杂的热力过程。整个膨胀过程总体来说，缸内气体的吸热量大于放热量。

实际的膨胀过程中的散热损失和漏气损失，会造成缸内气体压力的下降，使气体推动活塞所作的功减少。为提高发动机性能，不仅希望膨胀过程无热量损失，也希望气体在膨胀过程中的吸热量越少越好。在膨胀过程进行的燃烧称为补燃，气体在膨胀过程中的吸热量越多，意味着补燃越多，而补燃放出的热量如果在活塞上止点附近的正常燃烧过程中对缸内气体加热，必然能进一步提高膨胀过程中气体的平均压力，增加膨胀所作的功。但实际补燃放出的热量是在远离活塞上止点后对缸内气体加热的，所以补燃越多，膨胀过程气体的平均工作压力降低，所作的功减少，热效率下降，发动机的动力性和经济性变差。

膨胀过程终了 b 点的压力和温度越低，说明气体膨胀和热量利用越充分。柴油机与汽油机相比，柴油机的压缩比高，活塞的行程长，气体膨胀和热量利用更充分，所以柴油机膨胀终了的温度和压力较汽油机低，热效率也较高。

膨胀终了的温度 T_b 和压力 p_b 一般为：

汽油机

$$p_b = 294 \sim 490\text{kPa}, T_b = 1500 \sim 1700\text{K}$$

柴油机

$$p_b = 196 \sim 392\text{kPa}, T_b = 1000 \sim 1400\text{K}$$

5. 排气过程（图 2-1a）中 b'—b—r 线）

排气过程是指将已燃烧且完成作功的废气排出气缸的过程，其作用是为下一循环吸入新鲜空气或混合气作准备。

在膨胀过程末期，活塞接近下止点（图 2-1a）中的 b'点）时排气门开启，具有较高压力的废气高速流出气缸。当活塞从下止点向上止点移动时，气缸内的废气被进一步强制排出。排出的废气具有一定的压力和较高的温度，必然会带走部分热量造成损失。

由于发动机排气系统存在阻力，使排气终了的压力略高于大气压。在实际工作中，也常用排气温度作为检查发动机工作状态的技术指标，排气终了温度偏高，说明发动机工作过程不良，热功转换效率低。

排气终了（r 点）的温度 T_r 和压力 p_r 一般为：

汽油机

$$p_r = (1.05 \sim 1.20)p_0$$
$$T_r = 850 \sim 1200\text{K}$$

柴油机

$$p_r = (1.05 \sim 1.20)p_0$$
$$T_r = 700 \sim 900\text{K}$$

实际发动机工作时，由于排气门的迟后关闭和气流惯性，排气过程并不是在图 2-1a）中的 r 点结束，而是直到活塞上止点之后排气门关闭时为止。

二、发动机的理想循环

1. 发动机理想循环的概念

发动机实际循环的过程十分复杂。为了方便研究，在工程热力学中通常将发动机实际工作循环加以简化，忽略次要因素影响。这种简化后的循环称为发动机理想循环。

研究发动机的理想循环，可以找出提高发动机动力性和经济性的途径。

实际循环通常按以下条件简化成理想循环：

(1)假设气缸内工质的数量不变，不考虑进、排气过程，并忽略漏气和气体流动阻力的影响。

(2)假设压缩过程和膨胀过程均是绝热过程，不考虑气缸壁传热损失及漏气等热损失。

(3)假设燃烧过程为对工质进行的定容加热过程或定压加热过程，排气过程用定容放热过程代替。

(4)假设工质为理想气体，工质吸热或放热时的比热为固定值。

(5)假设循环的每一个过程均是可逆的，不考虑实际循环中存在的摩擦等能量损失。

2. 柴油机的理想循环

汽车上用的柴油机均为高速柴油机。按燃烧过程的特点将其分成两部分，开始阶段燃烧速度较快简化为定容加热过程，后期燃烧较慢简化为定压加热过程，所以柴油机的理想循环又称混合加热循环。

如图 2-3 所示，柴油机的混合加热循环由 5 个基本过程组成：1-2 为绝热压缩过程；2-3 为定容加热过程，吸热量为 Q_{1v}；3-4 为定压加热过程，吸热量为 Q_{1p}；4-5 为绝热膨胀过程；5-1 为定容放热过程，放热量为 Q_2；循环净功为 W。

根据热力学中热量和循环热效率的计算公式，可求出混合加热循环的热效率为

$$\eta_t = 1 - \frac{1}{\varepsilon^{k-1}} \cdot \frac{\lambda\rho^k - 1}{(\lambda - 1) + k\lambda(\rho - 1)}$$

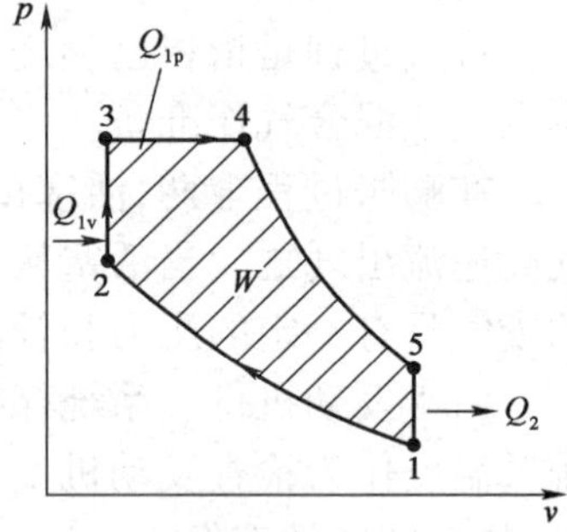

图 2-3 混合加热循环 P—V 图

式中：ε——压缩比，$\varepsilon = \frac{V_1}{V_2}$；

λ——压力升高比，$\lambda = \frac{p_3}{p_2}$；

ρ——预胀比，$\rho = \frac{V_4}{V_3}$；

k——绝热指数，$k = \frac{c_p}{c_v}$，其中 c_p 为定压加热过程的比热，c_v 为定容加热过程的比热。

因理想气体的 c_p 和 c_v 均为定值，所以 k 也为定值。其值取决于气体的原子数。单原子气体 $k = 1.67$，双原子气体 $k = 1.4$，三原子气体 $k = 1.3$。

根据热力学公式和循环平均压力的定义式，可求出混合加热循环的平均压力为

$$p_t = \frac{\varepsilon^k}{\varepsilon - 1} \cdot \frac{p_1}{k - 1}[(\lambda - 1) + k\lambda(\rho - 1)]\eta_t$$

式中：p_1——压缩初始点(图 2-3 中 1 点)的压力，即进气终了的压力。

3. 汽油机的理想循环

汽油机在实际工作中，由于燃烧前混合气形成的质量比较好，其燃烧过程时间短、速度快，

燃烧过程接近于对缸内气体进行的定容加热过程，所以汽油机的理想循环又称为定容加热循环。

定容加热循环实际可看作预胀比$\rho = 1$时的混合加热循环特例。如图2-4所示，定容加热循环由4个基本热力过程组成：1-2为绝热压缩过程；2-3为定容加热过程，吸热量为Q_1；3-4为绝热膨胀过程；4-1为定容放热过程，放热量为Q_2；循环净功为W。

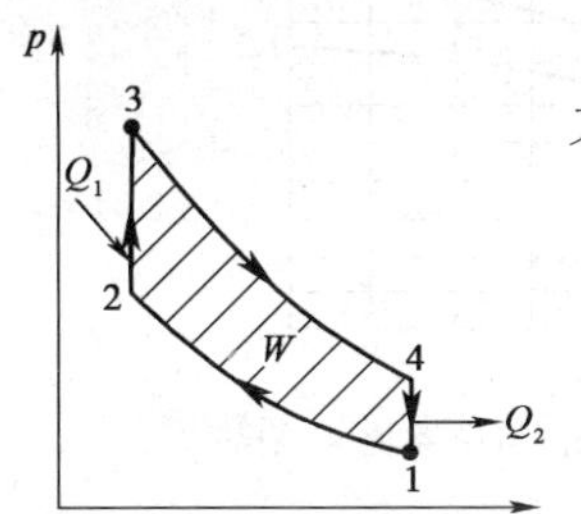

图2-4　定容加热循环P—V图

由热力学公式推导或将$\rho = 1$代入混合加热循环热效率和平均压力计算式，可分别得出定容加热循环的热效率为

$$\eta_t = 1 - \frac{1}{\varepsilon^{k-1}}$$

定容加热循环的平均压力为

$$p_t = \frac{\varepsilon^k}{\varepsilon - 1} \cdot \frac{p_1}{k-1}(\lambda - 1)\eta_t$$

4. 理想循环的影响因素

由上述公式可见，影响循环热效率和平均压力的因素有：压缩比ε、压力升高比λ、预胀比ρ、绝热指数k和进气终了的压力P_1。

(1)压缩比ε。随压缩比ε的增大，循环热效率η_t和平均压力p_t提高。这是因为提高压缩比，可以提高压缩终了的温度和压力。在定容加热量一定时，缸内最高压力提高，从而使膨胀过程的平均压力提高，膨胀过程作功增加；此外，提高压缩比，也就意味着膨胀过程活塞的有效行程增大，有利于高温高压气体的充分膨胀，不仅可获得更多的膨胀功，也可降低膨胀终了的温度，从而减少废气带走的热量损失。

综上所述，在循环加热量和气缸工作容积一定时，提高压缩比，可增加循环功和减少热量损失，从而使循环热效率和平均压力提高。如图2-5所示为定容加热循环热效率与压缩比的关系。压缩比较小时，随压缩比提高，热效率迅速增加，但压缩比较大时，再提高压缩比效果就很小了。

(2)压力升高比λ和预胀比ρ。在定容加热循环中，压力升高比λ取决于循环加热量Q_1。压力升高比增大，意味着循环加热量增加。当压缩比一定时，工质的膨胀比不变，增加循环加热量就会提高循环平均压力。

在混合加热循环中，当压缩比和总加热量一定时，提高压力升高比λ，也就意味着增加定容加热量Q_{1v}，而定压加热量Q_{1p}和预胀比ρ相应减小。所以在上止点附近有更多燃烧热量加给工质，从而可提高热量利用率，使循环热效率和平均压力提高。当压力升高比λ达到最大值时，预胀比ρ减小到1，此时混合加热循环即变为定容加热循环，循环热效率和平均压力最大。反之，在混合加热循环中，预胀比ρ增加，意味着压力升高比λ减小，随预胀比增大，循环热效率和平均压力降低。

(3)绝热指数k。绝热指数k对循环热效率的影响如图2-6所示。在压缩比一定时，随着绝热指数的增加，循环热效率提高。

绝热指数的大小取决于工质的性质。混合气浓度增加时，绝热指数减小，循环热效率降低；但随混合气加浓，循环加热量增加，所以循环平均压力增大。

(4)进气终了的压力p_1。进气终了压力仅对循环平均压力产生影响。在其它参数一定时，随进气终了压力提高，气缸内的最高温度和压力都会有所提高，所以循环平均压力也提高。

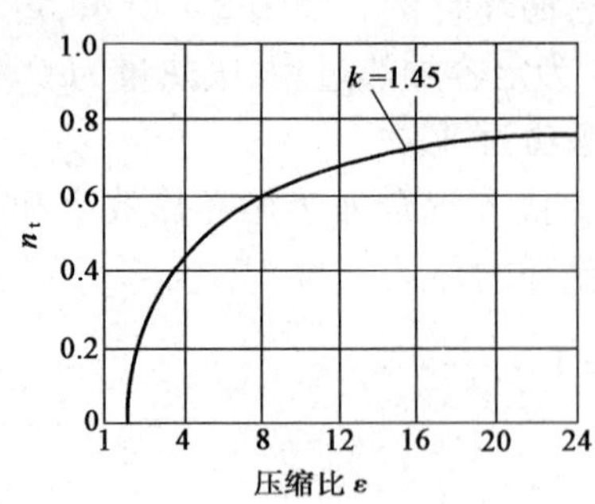

图 2-5　定容加热循环热效率 η_t 与压缩比 ε 的关系

图 2-6　定容加热循环热效率 η_t 与压缩比 ε、绝热指数 k 的关系

三、实际循环与理想循环的差别

如图 2-7 所示，实际循环与理想循环相比，主要存在各种损失。

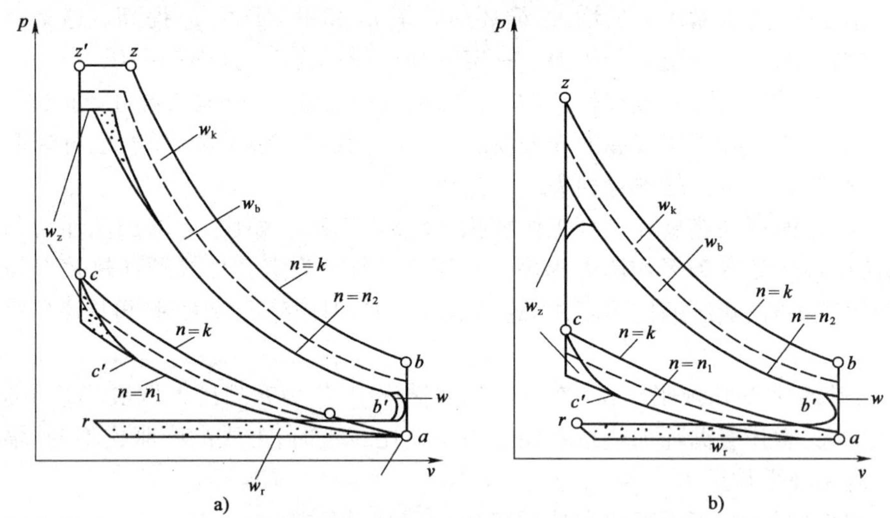

图 2-7　发动机实际循环与理想循环的比较

a）混合加热循环模式；b）定容加热循环模式

w_k-实际气体存在的损失；w_z-非瞬时燃烧损失；w_r-泵气损失；w_b-传热损失；w-提前排气损失；n-多变指数

1. 实际气体存在的损失 w_k

实际循环中的工质并非理想气体。汽油机燃烧前的工质为混合气体和残余废气的混合物，燃烧后为废气。柴油机燃烧前为空气和残余废气的混合物，燃烧后为废气。而且发动机工作中，混合气的浓度也经常变化。同时，漏气等也会使工质的数量发生变化，这些均会使实际循环的净功比理想循环减少，也就是实际气体与理想气体相比存在着损失。

2. 泵气损失 w_r

理想循环中不考虑发动机的进、排气过程。实际发动机工作时，必须在进气过程将新鲜工质吸入气缸，而在排气过程将气缸内的废气强制排出。克服进、排气系统的阻力就会消耗部分机械功，这就是实际循环存在的泵气损失。

3. 提前排气损失 w

在实际发动机工作时，为降低进入排气过程后缸内气体的压力，以减少排气消耗的功，排气门在膨胀过程结束之前（活塞到达下止点前）开启，使膨胀过程后期（排气门开启后）所作的功减少，这就是实际循环存在的提前排气损失。

提前排气损失与泵气损失之和为换气损失。

4. 非瞬时燃烧损失 w_z

实际发动机的燃烧过程不可能在瞬间完成，不可能实现理想循环中的定容加热或定压加热。为使燃烧过程在上止点附近完成，必须在上止点前 c' 点使混合气着火开始燃烧，直到上止点后不远处燃烧过程才能结束。上止点前的燃烧使压缩过程消耗的功增加，而上止点后的燃烧使最高压力下降，循环净功减少，所以实际循环存在着非瞬时燃烧损失。

5. 传热损失 w_b

在理想循环中将压缩和膨胀过程看作绝热过程。实际发动机工作时，气缸内的工质与外界存在热传递，多数时间都有工质向外界放热。所以工质的实际吸热量减少，作功过程的平均压力降低，循环功减少。

6. 不完全燃烧损失

当混合气浓或混合气形成不良时，燃料燃烧不完全，燃料的化学能不能通过燃烧完全释放，使实际的循环加热量减少，循环热效率和平均压力下降，这种损失一般称为不完全燃烧损失。

由于上述各项损失的存在，使实际循环的指示功小于理想循环的指示功，实际循环的热效率也小于理想循环，实际循环的经济性、动力性指标均比理想循环低。

四、减少损失的途径

减少各项损失，可以有效地提高实际循环指示功和热效率。

1. 汽油机减少损失的途径

（1）提高压缩比 ε，可降低膨胀终了压力和温度，使热效率提高；

（2）燃用稀混合气，可促进燃料完全燃烧，减少不完全燃烧损失；

（3）采用汽油直接喷射系统，可减少进、排气过程产生的泵气损失；

（4）选用无触点高能点火系统，可减少非瞬时燃烧损失；

（5）利用电控的调节系统实现点火定时的多维调节，可减少燃烧不完全损失。

2. 柴油机减少损失的途径

（1）采用电控系统正确选择喷油时刻，可减少燃烧不完全损失；

（2）合理选用进气道形状及燃烧室结构形式，加速混合气形成，促使燃料在上止点附近迅速、完全燃烧，以减少不完全燃烧损失。

课题二　发动机的性能指标

发动机性能指标是评定发动机性能好坏的各种物理量的总称。按建立指标体系的基础不同,发动机的性能指标分为两大类:指示性能指标和有效性能指标。

一、指示性能指标

指示性能指标是指以气缸内工质对活塞所作的功为基础建立起来的指标体系,用来评定发动机循环进行的好坏。

1. 循环指示功

发动机循环指示功是指发动机一个气缸的工质每一循环作用活塞上的有用功,用 w_i 表示。其大小可由图 2-1p—V 图上过程曲线所包围的面积来表示。若泵气损失计入在发动机的机械损失内,而不在指示功中考虑,则循环指示功的大小可由图 2-1p—V 图上过程曲线 $czb'bb''c'c$ 所包围的面积表示。若将泵气损失不计入机械损失内的条件下,四冲程非增压发动机和四冲程增压发动机的循环指示功可用图 2-8 表示:

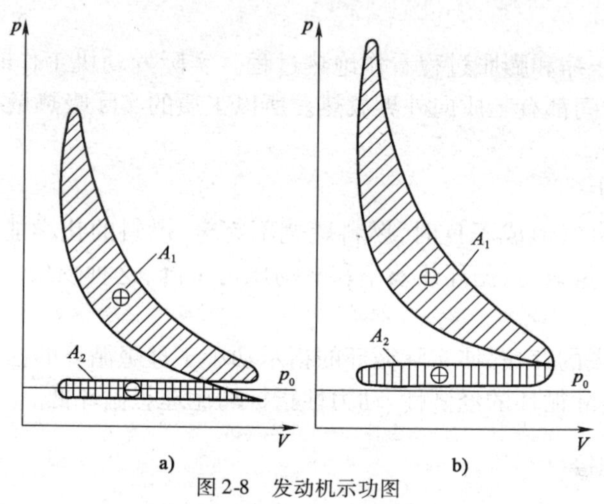

图 2-8　发动机示功图

a)四冲程非增压发动机 $W_i=A_1-A_2$;b)四冲程增压发动机 W_i

对于四冲程非增压发动机循环指示功的真正面积是由相当于在压缩、燃烧、膨胀过程中所得到的有用功面积 $A_1(+)$ 和相当于在进、排气冲程中消耗的功的面积 A_2 相减而成,即 $W_i=A_1-A_2$(A_2 为泵气损失功)。

在四冲程增压发动机中,由于进气压力高于排气压力,在换气过程中,工质是对外做功的,换气功的面积 A_2 应与面积 A_1 叠加起来,即 $W_i=A_1+A_2$。

值得注意的是,多缸发动机的指示功为上述 w_i 乘以缸数。

2. 平均指示压力

循环指示功虽然反映了气缸中工作循环的作功量,但是它受到气缸容量大小影响。为了比较不同大小、不同型式发动机的性能,需排除气缸尺寸的影响,由此引出了平均指示压力的概念。

所谓平均指示压力是指每一工作循环中,发动机单位工作容积所作的指示功,用 p_i 表示,单位为 kPa。

$$p_i=\frac{W_i}{V_h}$$

式中：W_i——循环指示功，J；

V_h——气缸工作容积，L。

平均指示压力越高，则同样大小的气缸工作容积发出的指示功越多，气缸工作容积的利用程度越高，发动机的工作循环进行得越好。平均指示压力是衡量实际循环动力性的一个重要指标。

平均指示压力一般为：

汽油机

$$p_i = 700 \sim 1300\text{kPa}$$

柴油机

$$p_i = 650 \sim 1100\text{kPa}$$

3. 指示功率

指示功率是指发动机在单位时间内所作的指示功，用 P_i 表示。

指示功率是对整台发动机而言，用平均指示压力计算指示功率为

$$P_i = \frac{p_i \cdot V_h \cdot i \cdot n}{30\tau} \times 10^{-3}(\text{kW})$$

式中：p_i——平均指示压力，kPa；

V_h——每缸的工作容积，L；

n——发动机的转速，r/min；

τ——发动机的冲程数（四冲程 $\tau = 4$，二冲程 $\tau = 2$）。

4. 指示燃油消耗率

指示燃油消耗率是指单位指示功的耗油量，又称指示比油耗，用符号 g_i 来表示，常用单位为克/（千瓦小时），单位符号为 g/（kW·h）。

设发动机的指示功率为 P_i（kW），每小时耗油量为 G_T（kg/h），则指示燃油消耗率为

$$g_i = \frac{G_T}{P_i} \times 10^3$$

指示燃油消耗率是评定发动机实际循环经济性的重要指标之一，此值越小，每千瓦小时的功消耗的燃油越少，经济性越好，其数值一般为：

汽油机

$$g_i = 230 \sim 340\text{g/(kW·h)}$$

柴油机

$$g_i = 170 \sim 200\text{g/(kW·h)}$$

5. 指示热效率

指示热效率是指发动机实际循环指示功与所消耗热量之比，即

$$\eta_i = \frac{W_i}{Q_i}$$

指示热效率也是评定发动机实际循环经济性的重要指标，其数值一般为：

汽油机

$$\eta_i = 0.25 \sim 0.40$$

柴油机

$$\eta_i = 0.43 \sim 0.50。$$

二、有效性能指标

有效性能指标是以发动机输出轴上输出的净功率为基础建立起来的指标体系，可用来评定整个发动机工作性能的好坏。

1. 有效功率

有效功率是指从发动机输出轴上输出的净功率，用符号 P_e 表示，单位为 kW。在数值上 P_e 等于指示功率 P_i 与机械损失功率 P_m 的差值，即

$$P_e = P_i - P_m$$

机械损失功率是指从发动机内部传递过程中损失的功率，主要包括摩擦损失、驱动附件的损失和泵气损失。发动机工作中，机械损失是不可避免的。机械损失功率和有效功率均可通过实验方法测定。

2. 有效转矩

有效转矩是指发动机输出轴上输出的转矩，用符号 M_e 表示，单位是 N·m。

在实际工作中，一般通过台架试验直接测量发动机的有效转矩和转速，并按下列公式计算出发动机的有效功率 P_e。

$$P_e = M_e \frac{2\pi n}{60} \times 10^{-3} = \frac{M_e n}{9550} (\text{kW})$$

式中：M_e——有效转矩，N·m；

n——发动机转速，r/min。

3. 平均有效压力

平均有效压力是指发动机单位气缸工作容积输出的有效功，用符号 p_e 来表示，单位为 kPa，即

$$p_e = \frac{W_e}{V_h}$$

式中：W_e——单个气缸的循环有效功，J；

V_h——单个气缸工作容积，L。

实际工作中，平均有效压力 p_e 与有效功率 P_e 的关系为

$$p_e = \frac{30 P_e \tau}{V_h i n} \times 10^3 (\text{kPa})$$

式中：τ——发动机冲程数（四冲程 $\tau = 4$，二冲程 $\tau = 2$）；

V_h——每缸工作容积，L；

i——气缸数；

P_e——有效功率，kW；

n——发动机转速，r/min。

由上述公式不难看出，发动机的排量（即总气缸工作容积 $V_h i$）一定时，发动机的有效转矩与平均有效压力成正比。平均有效压力越高，有效转矩越大，发动机的动力性越好，发动机的

平均有效压力一般为：

汽油机

$$p_e = 650 \sim 1200\text{kPa}$$

柴油机

$$p_e = 600 \sim 950\text{kPa}。$$

4. 有效燃油消耗率

有效燃油消耗率是指单位有效功的耗油量，又称有效比油耗，用符号 g_e 来表示，常用单位为克/千瓦小时，单位符号为 g/(kW·h)。

设发动机的有效功率为 P_e(kW)，每小时耗油量为 G_T(kg/h)，则有效燃油消耗率为

$$g_e = \frac{G_T}{P_e} \times 10^3$$

有效燃油消耗率是评定发动机经济性的重要指标之一。该值愈小，表示发动机曲轴端每输出 1kW·h 的有效功所消耗的燃油愈少。其数值一般为：

汽油机

$$g_e = 270 \sim 410\text{g/(kW·h)}$$

柴油机

$$g_e = 215 \sim 285\text{g/(kW·h)}$$

5. 有效热效率

有效热效率是指发动机实际循环有效功与所消耗热量之比，即

$$\eta_e = \frac{W_e}{Q_1}$$

有效热效率也是评定发动机经济性的重要指标，其数值一般为：

汽油机

$$\eta_e = 0.20 \sim 0.30$$

柴油机

$$\eta_e = 0.30 \sim 0.40$$

三、发动机的机械效率

1. 机械效率

机械效率是指有效功率与指示功率的比值，用符号 η_m 表示，即

$$\eta_m = \frac{P_e}{P_i} = \frac{P_i - P_m}{P_i} = 1 - \frac{P_m}{P_i}$$

机械效率可用来比较不同发动机的机械损失大小。机械效率越高，说明机械损失越小，发动机的性能越好。在任何情况下，为提高发动机的性能，都应尽可能减少机械损失，以保证较高的机械效率。发动机的机械效率一般为：汽油机，$\eta_m = 0.70 \sim 0.90$；柴油机，$\eta_m = 0.70 \sim 0.85$。

2. 机械损失的组成及测定

1)机械损失的组成

在任何的机械传动中,机械损失都是不可避免的。发动机的指示功率在其内部传递过程中,也必然存在机械损失,并不能完全从输出轴上输出。这些损失主要包括:

(1)摩擦损失。指发动机曲柄连杆机构和配气机构中运动件摩擦造成的损失。

发动机工作中,活塞和活塞环与气缸壁之间的摩擦损失最大(占全部摩擦损失的75%~80%)。这是因为其摩擦面积大,相对运动速度高,且润滑不良。其次是轴承与轴颈之间的摩擦损失,气门传动机构的摩擦损失。

(2)驱动附件的损失。发动机正常工作时,必须驱动一些必要的附件工作,如水泵、发电机、机油泵、燃油泵、分电器等,驱动这些附件必然会消耗发动机的指示功率。

(3)泵气损失。在测定发动机的机械损失时,很难将泵气损失与其它机械损失分离开,所以通常将泵气损失包括在机械损失中。

不同类型发动机各部分机械损失所占百分比差别很大。一般各部分机械损失所占比例范围见表2-1。由表可见,机械损失所消耗的功率占指示功率的10%~30%。降低机械损失,特别是摩擦损失,是提高发动机性能的重要途径之一。

2)机械损失的测定

发动机的机械损失可用实验方法测定,常用的有以下两种方法。

(1)灭缸法。此法仅适用于多缸发动机,且对非增压柴油机较适合。

(2)倒拖法。汽油发动机优先采用此法。

机械损失分配比例 表2-1

机械损失名称	占总机械损失百分比(%)	占指示功率百分比(%)
摩擦损失	60~75	8~20
驱动附件损失	10~20	1~5
泵气损失	10~20	1~5
总机械损失	100	10~30

3.影响机械效率的因素

影响发动机机械效率的因素有很多,在此仅介绍使用方面的因素。

1)点火提前角或供油提前角

汽油机的点火提前角和柴油机的供油提前角直接影响实际循环指示功和缸内最高压力。提前角过大,会使提前燃烧的损失大大增加,循环指示功减少,同时也会增大缸内最高压力,使活塞侧压力和轴承负荷增大,摩擦损失增加,这均导致机械效率降低。提前角过小,则会使后燃损失(上止点后的燃烧损失)增加,循环指示功也会减少,尽管机械损失也有所减少,但机械损失减少的比例小,所以机械效率仍会下降。

因此,汽油机的点火提前角和柴油机的供油提前角不宜过大或过小,必须根据发动机的转速和负荷等合理选择最佳值。

2)发动机转速

随发动机转速提高,各摩擦表面间的相对运动速度加大,摩擦损失增加;同时因转速上升,引起运动件惯性力加大,致使活塞侧压力和轴承负荷增加,也会使摩擦损失增加。此外,转速提高,还会使泵气损失及驱动附件的机械损失增加。所以,随发动机转速提高,机械损失功率增加,机械效率下降。根据试验统计,机械损失功率与转速平方近似成正比,所以转速越高,机械效率下降越快，这也成为通过提高转速来强化发动机动力性的一大障碍。机械效率 η_m 与发动机转速 n 之间的关系，见图 2-9。

3）发动机负荷

发动机的负荷通常指发动机的外部阻力矩，也常用与阻力矩成正比的平均有效压力、有效功率或节气门开度来表示。机械损失功率 P_m、指示功率 P_i 和机械效率 η_m 与发动机负荷的关系，如图 2-10 所示。

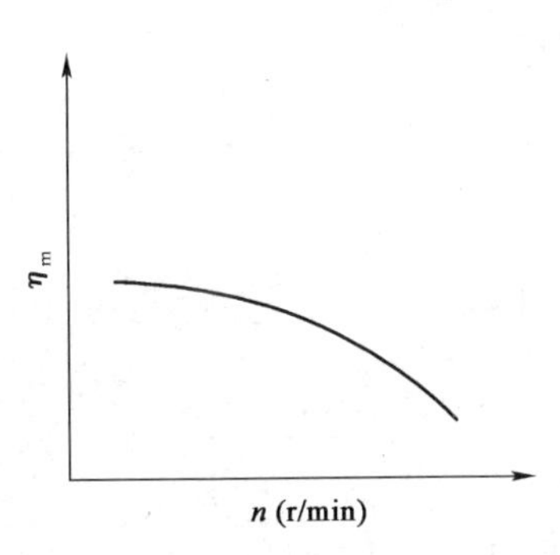

图 2-9　η_m 与 n 的关系

图 2-10　P_m、P_i 和 η_m 与负荷的关系

发动机的机械损失主要来自摩擦损失。摩擦损失又取决于机件的相对运动速度与机械负荷。所以当发动机转速一定时，随负荷增加，平均有效压力增大，各机件承受的机械负荷增大，摩擦损失增加；但由于转速一定，泵气损失和驱动附件的损失变化不大，所以随发动机负荷增加，机械损失功率增加较缓慢。

随发动机负荷的增加，节气门开度增大，对柴油机意味着每循环供油量增多，对汽油机意味着每循环供给的混合气数量增多，所以循环加热量增加，指示功和指示功率均增长迅速。但发动机负荷较大时，再增加负荷，由于混合气的浓度增大，使不完全燃烧的损失增加，指示功率随负荷增长的速度会减慢。在怠速工况（负荷为零）下，由于发动机输出轴上无有效功率输出，即发动机的指示功率全部用于克服其内部的机械损失，所以机械损失功率等于指示功率。

根据机械效率公式可知，当发动机转速一定时，在中小负荷范围，随负荷增大，由于机械损失功率 P_m 增加缓慢，而指示功率 P_i 增加迅速，所以机械效率 η_m 逐渐增加，且增长速度较快。在大负荷范围，由于随负荷增大指示功率 P_i 增长速度减慢，所以机械效率 η_m 的增长速度也逐渐缓慢。在怠速工况下，由于机械损失功率 P_m 等于指示功率 P_i，所以机械效率 η_m 为零。

4）润滑油品质及冷却水温度

润滑油品质和冷却水温度对发动机的机械损失影响较大。

润滑油粘度大则流动性差，内摩擦力大，摩擦损失增加，但其承载能力强，易于保持液体润滑状态；反之，机械损失减少，但承载能力差，油膜易于破裂失去润滑作用。

润滑油的粘度主要与润滑油的温度和润滑油的牌号有关。温度越低，粘性越大，牌号越大，粘度越大。在选用牌号时，应根据发动机的性能和使用条件（包括地区、季节、车速等），在保证可靠润滑的前提下，尽量选用牌号较小的润滑油，以减少摩擦损失，提高机械效率。由图 2-11 可见，当某一油温时 P_m 最小。当油温偏低，粘度增大而使机械损失功率增大；当油温偏高，由于承载能力差而出现半干摩擦，引起摩擦损失增加，导致机械效率下降，严重时会引起发动机损坏。

冷却水温的高低直接影响润滑油温的高低。水温过高或过低，都会使机械效率下降，如图2-12所示。实践证明，水冷式发动机水温保持在80～95℃范围内可减少机械损失，提高机械效率。因此，发动机在使用过程中，应严格保持一定的水温和油温。通常发动机的冷却水要达到正常后才允许发动机带负荷运转。目前，电控燃油喷射发动机上，怠速控制系统都具暖机控制功能，其目的就是为了缩短暖机时间，减少机械损失，以改善发动机的动力性和经济性。

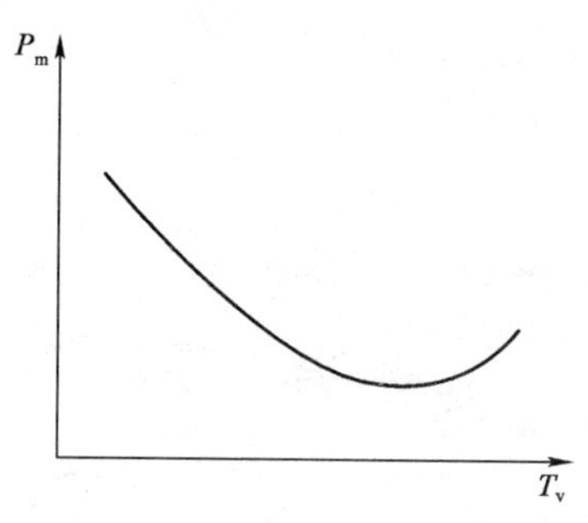

图2-11　P_m 与润滑油温度 T_v 的关系

图2-12　P_m 与冷却水温度 T_w 的关系

5）发动机技术状况

发动机的技术状况对机械效率的影响也很大。在使用中，运动件的自然磨损、机件的变形、老化和意外事故造成的损伤等，均会导致发动机的技术状况变坏，配合间隙变大，气缸密封不良，从而使机械损失增加，指示功率下降，机械效率降低。因此，在发动机使用中，应注意正确使用，及时维护和修理，保持发动机良好的技术状况。

单元三　发动机的换气过程

发动机的换气过程包括排气过程和进气过程。其任务是排除气缸内的废气,并吸入新鲜空气或可燃混合气。发动机的换气过程对发动机的性能有极其重要的影响。为此,对换气过程的要求是:排气彻底,进气充分,换气损失小。

本单元以四冲程发动机为例,通过对发动机换气过程进行分析讨论,介绍影响发动机换气过程的主要因素及提高充气效率的主要措施。

课题一　发动机换气过程和充气效率

一、发动机的换气过程及换气损失

1. 换气过程

四冲程发动机的换气过程是指从排气门开始开启到进气门完全关闭的整个过程。四冲程发动机的换气过程约占410°~490°曲轴转角,超过两个活塞行程。换气过程由排气过程和进气过程组成,其中排气过程又可分为自由排气和强制排气进气两个阶段,如图3-1所示。

1)排气过程

排气过程是指从排气门开始开启到排气门完全关闭的这段时间。由于排气门的早开晚闭,排气过程约占220°~290°曲轴转角。

(1)自由排气阶段。

从排气门开始开启到气缸内压力接近排气管内压力的这段时间。由于气缸内压力高于排气管内的压力,废气是依靠自身的压力经排气门自行流出缸外,故称之为自由排气阶段。

为保证活塞进入排气行程时,排气门有足够的开度,以减小排气损失,必须在作功行程活塞到达下止点前使排气门开始开启。那么从排气门开始开启到活塞运行至下止点这段的曲轴转角称为排气门提前开启角,一般为30°~80°。

由图3-1a)可以看出,在排气门刚开启的一段时期内,气缸内压力远远高于排气管内压力,排气的流动处于超临界状,废气以接近音速的较高速度流出缸外。此时的废气排量主要取决于排气门的开度、气体状态和时间,而与排气门前后的压力差无关。

随着超临界状态下自由排气阶段大量废气流出缸外,气缸内压力迅速下降。当气缸内压力低于排气管内约1.9倍压力时,排气流动转入亚临界状态,此时的废气排量则取决于排气门的开度和排气压差。当气缸内压力与排气管内压力基本相等时,自由排气结束,此时约为下止点后10°~30°曲轴转角。

自由排气阶段占整个排气时间的比例虽然不大,但由于废气流速快,排出的废气量可达整

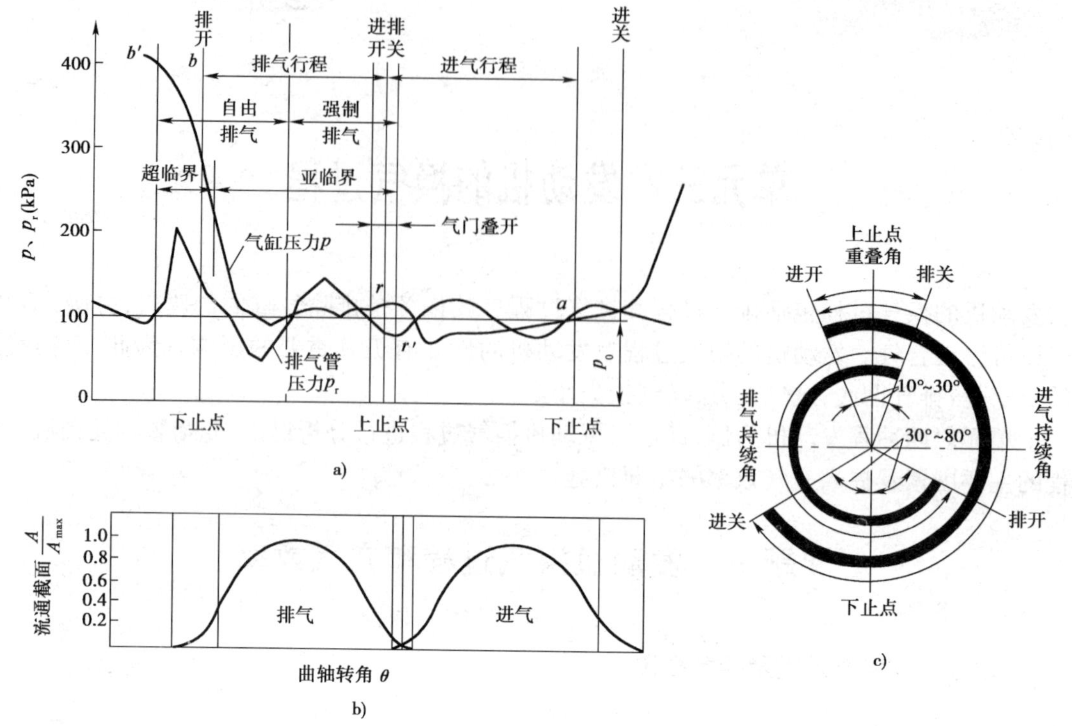

图 3-1 四冲程发动机换气过程

a)气缸内压力和排气管内压力随曲轴转角的变化;b)气门相对流通截面随曲轴转角的变化;c)配气相位

个排气过程总排气量的 60% 以上。

(2)强制排气阶段。

活塞上行强制排出气缸内废气的阶段称为强制排气阶段。在此阶段,由于排气阻力的影响,气缸内平均压力比排气管内平均压力略高,排气阻力主要取决于排气门的开启截面和气流速度,而气流速度又取决于发动机的工作转速。

在实际发动机工作中,为减少排气阶段后期的排气阻力,排气门都是在活塞到达上止点之后关闭的。因此把从活塞运行至上止点到排气门完全关闭这段曲轴转角称为排气门迟闭角,一般为 10°~30°曲轴转角。排气门迟后关闭,不仅可避免因排气门在上止点前开始关小而增大排气损失和残余废气量,而且还可利用排气流的惯性充分排气,以此进一步减小残余废气量。

2)进气过程

进气过程是指从进气门开始开启到进气门完全关闭的这段时间。由于进气门的早开晚关,进气过程约占 220°~290°曲轴转角。

为保证活塞进入进气行程时,进气门有足够的开度,以减小进气损失,必须在排气行程活塞到达上止点前就开始开启进气门。从进气门开始开启到活塞运行至上止点这段曲轴转角称为进气门提前开启角,一般为 10°~30°。为避免因进气门在下止点前开始关小而增大进气损失,并利用进气流的惯性充分进气,进气门都是在活塞运行过下止点之后关闭。从活塞运行至下止点到进气门完全关闭这段曲轴转角,称为进门迟闭角,一般为 30°~80°。

由图 3-1a) 可以看出，在进气门刚开启的一段时期内，由于气缸内压力高于大气压力，新鲜空气或混合气不可能进入气缸。活塞进入进气行程后，随着活塞的下移，气缸内压力迅速下降，直到进气压差足以克服进气阻力和气流惯性时，进气管内气体开始经进气门流入气缸。

3）扫气过程

由于进气门的提前开启和排气门的迟后关闭，在排气行程上止点附近存在着进、排气门重叠开启的现象称为气门叠开。气门叠开的角度等于进气门提前开启角与排气门迟后关闭角之和。一般非增压发动机为 20°～60°曲轴转角，增压发动机为 80°～160°曲轴转角。

在气门叠开期间，当新鲜空气或混合气流入气缸时，只要合理控制气流方向，就可利用新鲜空气或混合气进一步扫除缸内废气，这一过程称为扫气过程。气门重叠角过小，则扫气过程的作用不明显，但过大的气门重叠角，则有可能导致废气倒流。工程上，合理的气门重叠角应通过试验确定。

2. 换气损失

换气损失由排气损失和进气损失两部分组成，如图 3-2 所示。

1）排气损失

从排气门开启到进气行程开始后气缸内压力达到大气压力时循环指示功的损失称为排气损失。排气损失分为提前排气损失和强制排气损失两部分。

提前排气损失是指由于排气门提前开启，导致膨胀功减少而引起的损失。图 3-2 中面积 I 即表示提前排气损失。强制排气损失是指活塞上行强制排出废气所消耗的功。图 3-2 中面积 II + IV 即为强制排气损失。

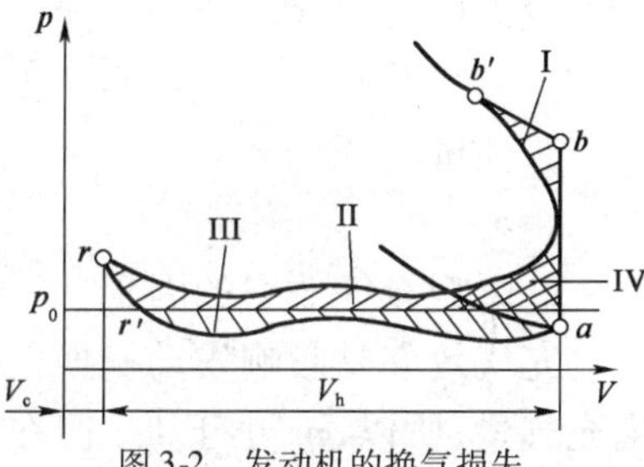

图 3-2　发动机的换气损失

I-提前排气损失；II + IV-强制排气损失；III – 进气损失；II + III-泵气损失

排气门的提前开启角对排气损失有重要影响。在发动机转速、气门行程等结构因素一定时，随着增大排气门的提前开启角，提前排气损失 I 增加，强制排气损失 II + IV 减少；反之，排气门的提前开启角减小，提前排气损失 I 减小，强制排气损失 II + IV 增加。因此，最佳的排气门提前开启角应使面积 I + II + IV 之和为最小（该值通常通过试验确定）。

2）进气损失

进气损失主要是指进气过程中克服进气系统阻力所消耗的功。图 3-2 中面积 III 即为进气损失。图 3-2 中 II + III 为泵气损失，是发动机机械损失中的重要部分。与排气损失相比，进气损失相对较小，对发动机功率和热效率影响不大。

二、发动机的充气效率及影响因素

1. 充气效率

充气效率是评价不同发动机换气过程完善程度的重要指标。充气效率是指发动机每一工作循环的实际进入气缸内的新鲜充气量 m 与理论充气量 m_0 的比值，用符号 η_v 来表示，即

$$\eta_v = \frac{m}{m_0}$$

所谓理论充气量是指在进气状态下，理论上充满气缸工作容积的新鲜气体数量。进气状

态则是指空气滤清器后方进气管内的气体状态。非增压发动机一般采用当时的大气状态,增压发动机则采用增压器出口处的气体状态。

充气效率的一般表达式为

$$\eta_v = \frac{1}{\varepsilon - 1} \cdot \frac{T_0}{p_0}\left(\frac{\varepsilon p_a}{T_a} - \frac{p_r}{T_r}\right)$$

式中:p_a、T_a——进气终了的压力、温度;

p_r、T_r——排气终了的压力、温度;

p_0、T_0——大气压力、温度;

ε——压缩比。

由于充气效率不受气缸工作容积的影响,可用于比较不同发动机换气过程进行的好坏。气缸工作容积一定时,充气效率越高,表明进气越充分;每循环的实际充气量越多,发动机的动力性越好。

实际发动机的充气效率可用试验方法测定。发动机的充气效率一般为:

汽油机

$$\eta_v = 0.75 \sim 0.85$$

柴油机

$$\eta_v = 0.75 \sim 0.90$$

2. 影响充气效率的因素

充气效率是影响发动机换气过程好坏的重要因素。非增压发动机实际充气量通常小于理论充气量,所以,η_v 小于1。但在一定条件下,如增压发动机 η_v 就有可能大于1。下面分析非增压发动机 η_v 的影响因素。

由充气效率公式可知,η_v 与压缩比 ε,大气参数 p_o、T_o,进气终了参数 p_a、T_a,残余废气参数 p_r、T_r 有关。其中影响最大的是进气终了气体的压力 p_a,因为 p_a 变化时,对 η_v 的影响会放大 ε 倍。

1)进气终了压力 p_a 对充气效率的影响

由充气效率公式可知:随着进气终了压力提高,充气效率则提高。这是由于在气缸容积、进气终了温度和残余废气量一定时,进气终了压力越高,缸内气体的密度越大,意味着实际充气量越多。

在发动机实际工作中,进气终了压力受进气系统阻力的影响力。进气系统阻力主要取决于进气系统阻力系数和进气流速。

此外,发动机的转速对进气阻力有较大影响。转速上升时,新鲜气体流速增加,进气流动损失增大,p_a 则迅速下降,如图3-3所示。

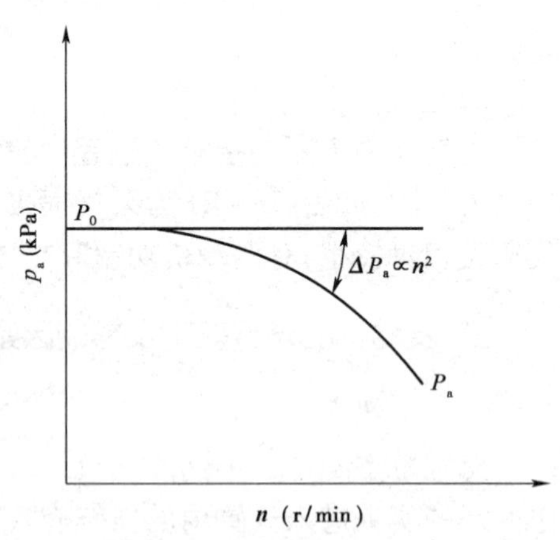

图3-3 转速对进气压力的影响

当发动机的负荷变化时,由于汽油机和柴油机调节负荷的方法不同,使 p_a 随负荷的变化也不同。

对于汽油机,调节负荷是依靠改变节气门开度来调节进入气缸的混合气量。当汽车沿阻力减小的道路以一定速度行驶时，采用减小节气门开度的办法来保持转速一定，尽管发动机转速不变，但节流损失增加，P_a 下降，如图 3-4 所示。

对于柴油机，调节负荷的方法是通过改变进入气缸的燃料量来实现的。如汽车沿阻力减小的道路上以一定速度行驶时，可以减小供油量使发动机有效转矩减小，保持转速一定。由于车速一定，且进气系统中无节流装置，故流动阻力基本不变，即柴油机的 P_a 基本不随负荷变化。

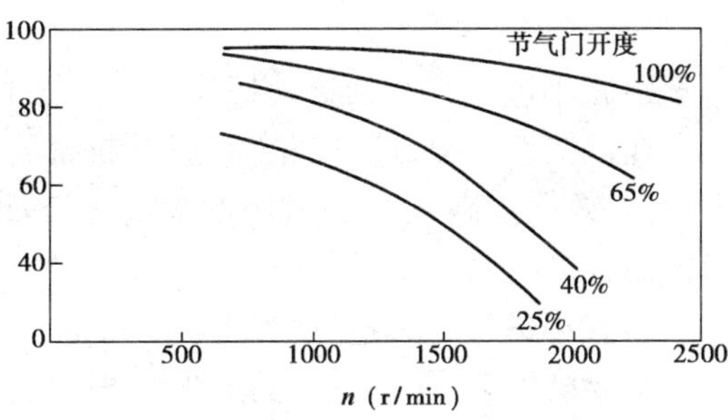

图 3-4　负荷对进气压力的影响

进气终了压力 P_a 随使用工况（转速、负荷）的变化，决定了充气效率 η_v 的变化，直接关系到发动机的使用性能。

2）进气终了温度 T_a 对充气效率的影响

由充气效率公式可知：T_a 值愈高，充入气缸的气体密度愈小，充气效率 η_v 下降。

3）残余废气压力 P_r 和温度 T_r 对充气效率的影响

排气终了压力取决于排气系统的阻力，并随阻力增大，排气终了压力升高。排气系统的阻力取决于各段排气通道的阻力系数和发动机转速。特别是排气门处阻力越大，P_r 越高，残余废气密度大，废气量多，则新鲜充量减少，使 η_v 下降。另一方面，若废气量越多，则温度 T_r 越高，使新鲜充量温升过高，相对密度下降，也使充气量减少，而且还将影响混合质量，破坏正常的燃烧过程，使排气污染严重。

4）压缩比 ε 对充气效率的影响

压缩比增加，充气效率提高。但压缩比对充气效率的影响很小，而且其数值的选择主要是考虑燃烧和机件负荷的限制。通常选择压缩比的一般原则是：汽油机在保证正常燃烧的前提下，尽可能提高压缩比，以提高热效率；柴油机在保证各工况正常着火自燃的前提下，不过分追求高压缩比，以免机件承受过大的机械负荷。

5）大气压力和温度

从充气效率公式可以看出，随大气压力降低、温度升高，充气效率提高。

6）配气相位

在配气相位中，对充气效率影响最大的是进气门的迟后关闭角，其次是排气门的迟后关闭角。进、排气门的迟后关闭角一方面是为了减小进、排气损失，更主要的是为了利用气流惯性充分进气和充分排气。进气门的迟后关闭角度过小，不能利用气流惯性充分进气；但迟后关闭角过大，容易造成已进入气缸的新鲜气体又被压出缸外，都会使实际充气量减小，充气效率下降。排气门迟后关闭角过小，不能利用气流惯性充分排气；但迟后关闭角过大，容易造成废气倒流，会使残余废气量增加，实际充气量减小，充气效率下降。

三、提高发动机充气效率的措施

按照对影响 η_v 的各种因素的分析，可从多方面采取措施来提高充气效率。

1. 减小进气系统的流动损失

由于对 η_v 影响最大的是进气终了压力 P_a，而 P_a 与进气系统的流动阻力密切相关。因此，设法减小进气系统各段通道对气流的阻力，可使 P_a 增大，提高 η_v，以提高发动机的动力性。

1）减小进气门处的流动损失

在进气系统中，进气门处的通道断面最小且截面变化，对气流的阻力最大。减小此处的损失，可有效地提高 η_v。通常用增大进气门直径、增加进气门数目、增大进气门升程和改善进气门锥角等措施来减小进气门处的流动损失。

2）减小进气道和进气管的阻力

主要措施有：保证较大的通道面积；减少弯道和截面突变；保证管道内表面光滑。

3）减少空气滤清器的阻力

空气滤清器应在满足滤清效果的前提下，尽可能减小阻力。同时，在使用中经常清洗滤清器，避免油污堵塞，及时更换滤芯，是提高 η_v 的有效途径。

2. 减少对新鲜充量的热传导

常用维持冷却系技术状况良好，防止发动机过热和将进、排气管分置的办法来减少对新鲜充量的热传导。

3. 减少排气系统对气流的阻力

减少排气系统的阻力损失，以降低残余废气压力，增加进气量，可提高 η_v。排气系统中，最小的流通截面在排气门处。应设法减少废气排出时的阻力；应避免排气道内截面突变，急转凸台；良好的排气歧管的形式也有助于降低整体流动阻力。

4. 合理选择配气相位

在发动机工作时，配气相位角度直接影响换气过程进行的好坏，对发动机动力性、经济性有很大影响。在配气相位角度中，对换气过程影响最大的是进气门的迟后关闭角，其次是排气门的提前开启角和气门重叠角。

在发动机实际工作中，进气门迟后关闭是为充分利用进气流惯性进气。气流惯性取决于发动机转速。当发动机转速一定时，最佳的进气门迟后关闭角也一定。迟后关闭角过大或过小均会使充气效率下降。转速一定时，进气门迟后关闭角对充气效率的影响，如图 3-5 所示。进气门迟后关闭角为25°～30°时，充气效率 η_v 取得最大值。这说明该发动机在对应转速时的最佳进气门迟后关闭角为25°～30°。

发动机的转速不同，气流惯性也不同。最佳的进气门迟后关闭角应随转速变化。如图 3-6 所示，为发动机转速变化时，进气门迟后关闭角对充气效率和有效功率的影响。

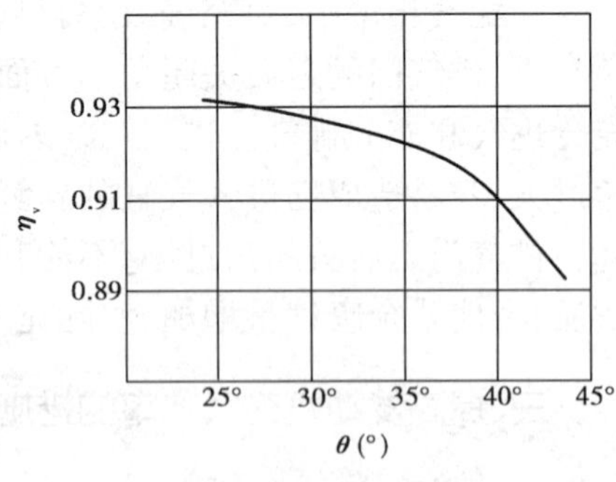

图 3-5　转速一定时进气门迟闭角对充气效率 η_v 的影响

分析图中曲线可得如下重要结论：

（1）进气门迟后关闭角一定时，仅在某一转速下充气效率和有效功率最高。高于此转速时，因气流惯性较大，进气门迟后关闭角度相对不足，不能充分利用气流惯性进气，所以充气效率和有效功率下降；低于此转速时，因气流惯性较小，进气门关闭相对较迟，压缩过程使部分新鲜气体被压回进气管,充气效率和有效功率也减小。

(2)发动机转速变化时,在较低的转速范围内,采用较小的进气门迟后关闭角,可获得较高的充气效率和有效功率。在较高转速范围内,则采用较大的进气门迟后关闭角,可获得较高的充气效率和有效功率。

(3)改变进气门迟后关闭角度,可改变 η_v 和 P_e 随转速的变化关系,从而改变发动机的速度特性。增大迟后关闭角,最大充气效率略有降低,但最大充气效率对应的转速提高。这对提高最大功率有利,但发动机中、低速性能和最大转矩会降低。反之,减小进气门迟后关闭角,可提高发动机中、低速性能和最大转矩,但最大功率下降。

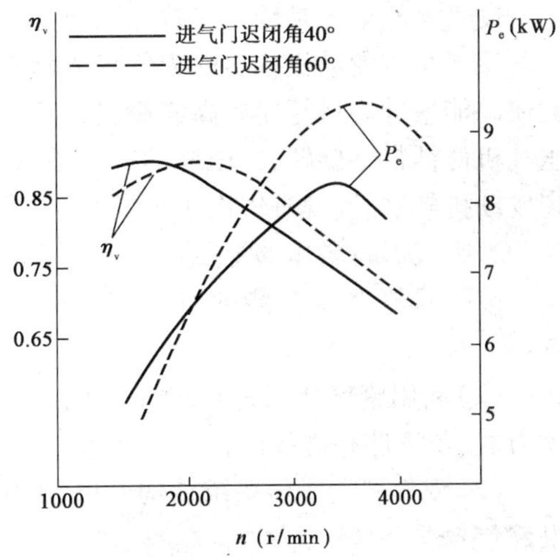

图 3-6　转速变化时进气门迟闭角对 η_v 和 P_e 的影响

由此可见,即使同一台发动机,转速变化时,由于进气时的气流惯性不同,为使发动机工作时进气更充分,应随转速的提高适当增大进气门的迟后关闭角。与进气门迟后关闭角一样,为使排气更干净,排气门的迟后关闭角应随转速的提高而适当增大。排气门的提前开启角对排气损失有重要影响。最佳的排气门提前开启角应保证提前排气损失和强制排气损失之和最小。此外,适当的气门重叠角,可利用扫气减小残余废气量,提高充气效率。

目前,汽车发动机一般根据性能的要求,通过试验来确定某一常用转速下较合适的配气相位。在装配时,对正配气正时标记,即可保证已确定的配气相位。在发动机使用中,已确定的配气相位是不能改变的。发动机性能只有在某一常用转速下最好,而在其它转速下工作时,发动机的性能相对较差。为使配气相位适合发动机的工作要求,在部分轿车发动机电控系统中,采用了可变配气相位控制系统,改善了发动机在不同转速范围内的性能。

5. 利用进、排气管内的动态效应

利用进、排气管中发生的气体惯性和压力波动,是提高 η_v 的最有效手段之一。

进、排气管管内气流的惯性效应和管内压力的波动效应对改善发动机的换气过程,提高气缸的 η_v 有很大影响。一般而言,进气管长度长时,压力波波长大,可使发动机中低转速区功率增大;进气管长度短时,压力波波长短,可使发动机高速区功率增大。

课题二　发动机进气增压技术

所谓发动机增压,是利用增压器压缩进入发动机进气管的充量,增加其密度,使进入气缸的实际进气量比自然吸气发动机的进气量多,达到提高发动机动力性,改善燃料经济性和排放性能的目的。目前,车用柴油机应用较多的是废气涡轮增压,汽油机使用较多的是谐波进气增压。

一、废气涡轮增压系统

1. 工作原理

废气涡轮增压是较为有效的增压方式，其系统工作原理如图 3-7 所示。

该系统将发动机排出的废气导入涡轮室，利用废气的流动能量冲刷涡轮使其高速旋转，与涡轮同轴相连的压气机便被带动旋转，被压缩的空气沿着进气管道输送到发动机气缸，实现进气增压。

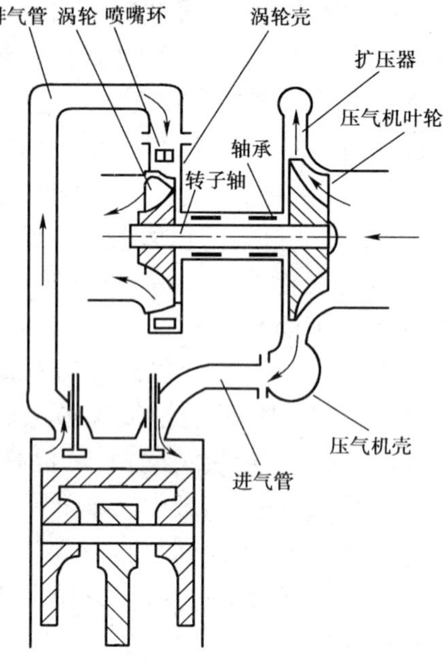

图 3-7　废气涡轮增压系统基本工作原理

2. 废气涡轮增压的主要特点

废气涡轮增压在柴油机上广泛应用，其主要特点有：

(1)利用废气能量进行增压，有利于改善发动机的动力性、经济性和排放性；

(2)废气涡轮增压系统结构简单，工作可靠，增压效果好；

(3)采用废气涡轮增压后，会使发动机的起动性能和加速性能变差，机械负荷和热负荷增加。

3. 进气增压对柴油发动机的影响

由于柴油机压缩比较高，其机械负荷和热负荷要比汽油机大得多。柴油机采用进气增压后，由于进气压力的提高，循环供油量增加，燃烧最高压力和最高温度也必然提高，机件承受的机械负荷和热负荷更大。此外，柴油机在低速运转时，由于增压效果较差，容易导致混合气过浓而冒黑烟现象；发动机加速时，由于惯性作用使压气机供气滞后，也会出现冒黑烟和加速不良现象。为适应增压后发动机功率增长的要求，并尽可能降低增压带来的不利影响，增压后的柴油发动机必须采取以下措施：

(1)适当调整和改进燃料供给系统，如增大喷油泵柱塞直径、减小喷油提前角等；

(2)适当调整配气相位，增大气门重叠角；

(3)适当减小压缩比；

(4)对增压空气进行冷却；

(5)强化冷却系统。

二、谐波进气增压系统

谐波进气增压系统(ACIS)是利用进气管内的动态效应(即压力波动)来实现进气增压的。由于汽油机受不正常燃烧等因素的限制，增压强度较高的其他增压系统与汽油机匹配较为困难，因此增压强度较小的谐波进气增压系统在汽油机上的应用得到了较快发展。

1. 发动机进气管的动态效应

进气门的开闭会使进气管内的气流速度发生急剧变化，从而引起进气管内气体压力的波动。有效利用进气管的动态效应，可使整个进气过程中进气门处都保持较高的压力，并且进气门在压力处于波峰位置时关闭，能够提高进气终了的压力，提高充气效率。

由于进气管的结构、尺寸、形状会影响进气压力波，要利用进气管动态效应提高充气效率，必须选择合适的进气管长度、形状、截面变化、弯曲方式等。一般来说，高速时采用较短的进气管，低速时采用较长的进气管。由于汽车发动机的转速范围变化较大，一般是在某一常用转速区域考虑进气管动态效应。

2.谐波进气增压系统的工作原理

谐波进气增压系统（ACIS）是利用进气管内的动态效应提高充气效率的，其工作原理如图3-8所示。

在进气管中部设有一大容量的空气室和电控真空阀。当空气室出口的控制阀关闭时，进气管内的脉动压力波传递长度为由空气滤清器到进气门的距离。这一距离较长，适宜于低速利用动态效应增压；当空气室阀门打开，由于大容量空气室的参与，使进气脉动压力波传播距离缩短，使发动机在高速区也能利用动态效应提高发动机的充气效率。

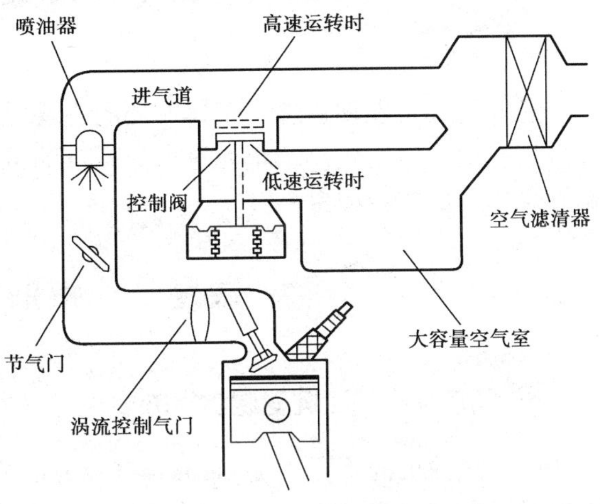

图3-8　ACIS系统工作原理图

根据工程试验，合理利用进气管动态效应，一般可使发动机功率提高10%～20%，油耗降低3%～5%。

近年来，由于汽油机广泛采用电控喷射系统，以往化油器式发动机增压后混合气调节不易控制的问题随之解决。增压发动机易产生爆燃的问题也可以通过电脑控制点火时间与增压压力得到抑制，使增压汽油机在汽车上得到较多的采用。

三、进气增压技术的优点

（1）可降低发动机的重量、体积和制造成本；

（2）可提高发动机的热效率，降低燃油消耗率；

（3）可降低排放污染和噪声；

（4）对补偿高原功率损失十分有效。

单元四　发动机的燃烧过程

燃烧过程是发动机整个工作循环的主要过程。燃烧过程进行的好坏对发动机的动力性、经济性有很大的影响。本单元重点介绍汽油机和柴油机的燃烧过程，以及影响汽油机和柴油机燃烧过程的主要因素。

课题一　汽油机的燃烧过程

一、汽油机不同工况对混合气的要求

由于汽油机的不同工况，对混合气成分的要求不同，其燃烧过程不完全相同。汽油机不同工况对混合气的要求为：

(1)当起动发动机时，因曲轴转速低，进气流速小，吸气量少，温度低，蒸发条件差，应供给浓混合气(空气过量系数 $\phi_{at}=0.2\sim0.6$)；

(2)当发动机怠速时，由于转速较低，节气门开度很小，进入汽缸的混合气量少，应供给较浓的混合气($\phi_{at}=0.6\sim0.8$)；

(3)当发动机小负荷时，节气门开度较小，进入汽缸的混合气量也少，缸内残余废气较多，应供给较浓的混合气($\phi_{at}=0.7\sim0.9$)；

(4)当发动机中等负荷时，为获得较好的经济性，应供给较经济的混合气($\phi_{at}=1.05\sim1.15$)；

(5)当发动机大负荷或满负荷时，为使发动机发出最大功率，应供给浓混合气($\phi_{at}=0.8\sim0.9$)；

(6)当发动机加速时，节气门突然开大，大量空气进入汽缸，由于燃油的黏性作用，易造成混合气变稀，应额外供应部分燃油，形成较多的混合气。

二、电控汽油喷射发动机混合气的形成

电控汽油喷射系统发动机最基本的控制内容之一是喷油量控制。其目的是使发动机在各种运行工况下，都能获得最佳的混合气浓度，以提高发动机的动力性、经济性和排放性。

当喷油器的结构和喷油压差一定时，喷油量的多少取决于喷油时间。在电控汽油喷射系统中，喷油量的控制是通过对喷油器喷油时间的控制来实现的。发动机工作时，电脑(ECU)根据空气流量信号和发动机转速信号确定基本喷油时间(喷油量)，再根据其它传感器的信号对喷油时间进行修正，并按确定的喷油时间向喷油器发出指令，使喷油器喷油或断油。目前，汽车上装用的电控汽油喷射发动机一般将汽油喷入进气总管或进气歧管。常用的L型电控

汽油喷射系统组成原理如图 4-1 所示。

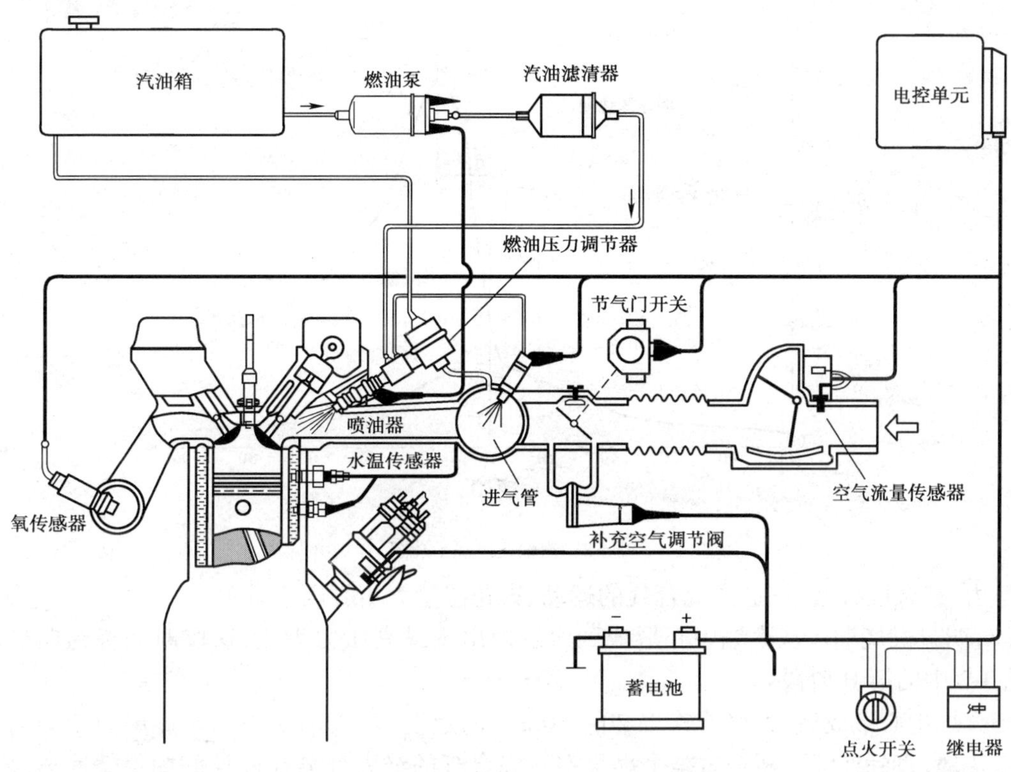

图 4-1　电控汽油喷射系统组成原理图

三、汽油机的燃烧过程

1. 汽油机的正常燃烧过程

当汽油机压缩行程接近终了时，由火花塞跳火形成火焰中心并点燃可燃混合气。在混合气的燃烧过程中，火焰传播速度及火焰前锋的形状均没有急剧变化，这种燃烧现象称为正常燃烧。

如图 4-2 所示为汽油机燃烧过程的展开示功图，它以发动机曲轴转角为横坐标，汽缸内气体压力为纵坐标。图中虚线表示只压缩不点火的压缩线。为分析方便，通常按缸内压力的变化特征，将其分为着火延迟期、明显燃烧期和补燃期 3 个阶段，分别用 I、II、III 表示。

(1) 着火延迟期。从火花塞跳火开始到形成火焰中心为止的这段时间称为着火延迟期（图 4-2 中的第 I 阶段）。从火花塞跳火开始到活塞运行至上止点的曲轴转角称为点火提前角，用 θ_{ig} 表示。

因为混合气氧化反应需要一定时间，当火花塞跳火后，尚不能立刻形成火焰中心。当火花塞放电，且两极电压在 15000V 以上时，混合气局部温度可达 2000℃，加快了混合气的氧化反应速度。当这种反应达到一定程度（所需要时间约占整个燃烧时间的 15%）时，出现发火区并形成火焰中心，此阶段汽缸内压力无明显升高，对汽油机燃烧过程的影响不大。

着火延迟期的长短，与燃料本身的分子结构和理化性质、过量空气系数、点火时汽缸内温

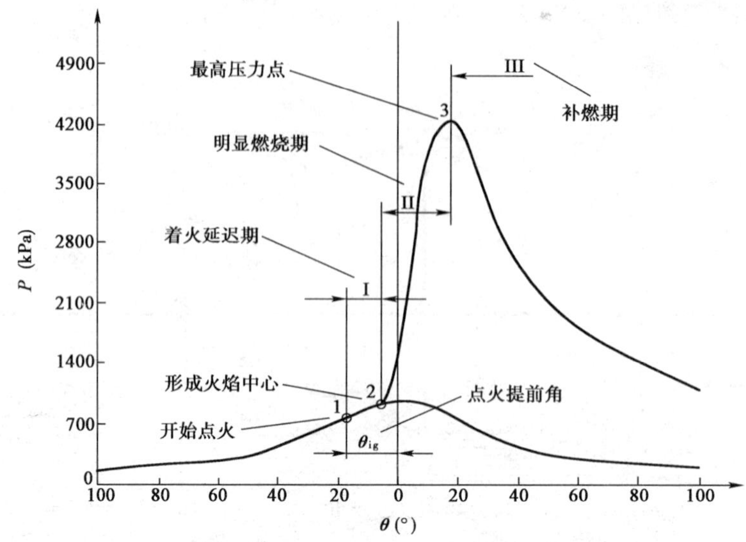

图 4-2　汽油机燃烧示功图

度和压力、残余废气量、汽缸内混合气的运动、火花能量大小等因素有关。

(2)明显燃烧期。从火焰中心形成到汽缸内出现最高压力为止,这段时间称为明显燃烧期(图 4-2 中的第 II 阶段)。

当火焰中心形成后,火焰前锋以 20 ~ 30m/s 的速度,从火焰中心开始逐层向四周的未燃混合气传播,直到连续不断扫过整个燃烧室。混合气的绝大部分在此期间内燃烧完毕,压力、温度迅速升高,缸内最高压力为 3 ~ 5MPa。

最高压力出现的时刻对发动机功率及燃油消耗有很大影响。实践证明,最高压力出现在上止点后 12° ~ 15°曲轴转角时,示功图面积最大,循环功最多,对应的点火提前角为最佳点火提前角。最高压力出现过早,混合气点火早,使压缩功增加,热效率下降;过迟使燃烧产物的膨胀比减小,燃烧在较大容积下进行,散热损失增加,热效率也下降。可以通过调整点火提前角,使最高燃烧压力出现在适宜的位置。

(3)补燃期。从出现最高压力开始到燃料基本燃烧完为止,称为补燃期(图 4-2 中的第 III 阶段)。

在补燃期内,主要是部分未燃尽的燃料、吸附在缸壁上的混合气层和部分高温分解产物继续燃烧放热。由于活塞下行,缸内压力下降,使补燃期内燃烧放出的热量不能有效地转变为功,使排气温度升高,热效率下降,故应尽量缩短补燃期。

2. 汽油机的不正常燃烧

汽油机的不正常燃烧主要是爆燃和表面点火。

1)爆燃

汽油机燃烧过程中,火焰前锋以正常的传播速度向前推进,使得火焰前方未燃的混合气受到已燃混合气强烈的压缩和热辐射作用,加速其先期反应并放出部分热量,使其本身的温度不断升高,以致于在正常的火焰到达之前,末端混合气开始自燃。由于自燃和正常火焰传播同时进行,混合气自燃烧速率和缸内压力急剧上升,这种现象称为爆燃。

发生爆燃时，末端混合气自燃形成的火焰前锋面推进速度远远高于正常燃烧的火焰传播速度。轻微爆燃时，火焰传播速度为100～300m/s；强烈爆燃时，火焰传播速度可高达800～2000m/s，这可使未燃混合气体几乎瞬时燃烧完毕，局部温度、压力剧增，形成强烈的压力冲击波。冲击波以超音速传播，撞击燃烧室壁，发出频率达3000～5000Hz尖锐的金属敲击声。试验表明，在汽油机的燃烧过程中，只要有大于5%混合气产生自燃，就足以引起强烈的爆燃。

轻微爆燃时，由于燃烧速度加快，缸内压力升高，发动机的功率略有增加；强烈爆燃时，由于缸内最高压力和温度剧增，而且压力波动较大，因此会导致发动机功率下降、热效率下降、零件受冲击载荷增加、发动机过热、发动机噪声和振动增大。

汽油机工作是否发生爆燃，主要取决于正常火焰传播的距离、速度及末端混合气自燃所需要的准备时间。只要在末端混合气产生自燃之前，正常火焰就能传播到也就不会发生爆燃。为此，防止爆燃可采取以下措施：

(1)使用抗爆性好的燃料。使用辛烷值高的汽油，末端混合气自燃所需要的准备时间较长，不易发生爆燃。

(2)降低末端混合气温度和压力，以延长末端混合气自燃所需要的准备时间，可有效防止爆燃。

(3)合理设计燃烧室，缩短火焰传播距离。

(4)提高发动机转速，可以使混合气的扰流强度提高，火焰传播速度加快，也可减小爆燃的倾向。

在汽车的实际使用中，选用合适的燃料，保持合适的点火提前角，避免发动机长时间在大负荷下工作，是防止汽油机爆燃的主要措施。

2)表面点火

混合气燃烧时，不靠电火花点火而由燃烧室炽热表面(如过热的火花塞绝缘体和电极、排气门、炽热的积炭等)点燃混合气而引起的不正常燃烧现象，称为表面点火。

表面点火根据发生的时间不同，可分为早火和后火。表面点火发生在正常点火时刻之前，称为早火；发生在正常点火时刻之后称为后火。

发生早火时，相当于提前点火。由于炽热表面的面积较大，点燃的区域也比电火花点燃的区域大，所以一旦发生早火，混合气的燃烧速率比正常燃烧时高，压力升高也较快，常使最高压力点出现在上止点之前，压缩消耗功和热损失增加，发动机容易过热且功率和热效率下降。此外，早燃会使缸内压缩终了的压力提高，炽热表面的温度也会进一步提高，发生爆燃和表面点火的倾向更大，甚至会因热负荷过大而导致气门、火花塞和活塞等机件损坏。早火一般在发动机长时间高速、大负荷运转后，通常由排气门、火花塞电极或绝缘体的高温引起。

后火的危害性通常不大，但若发生在关闭点火开关后，发动机仍像有电火花点火一样，继续运转，直到炽热点温度下降到不能点燃混合气时，发动机才停转。

降低缸内温度、减少缸内沉积物的产生是防止表面点火的主要措施。如：选用低沸点的汽油和含胶质较少的润滑油可减少积炭的生成，适当降低压缩比可降低缸内温度。

由此可知，爆燃和表面点火均属汽油机的不正常燃烧现象，但两者产生原因是完全不同的。爆燃是火花塞跳火后，末端混合气的自燃现象；而表面点火是火花塞跳火前或后由炽热表面或沉积物点燃混合气所致。此外，爆燃时火焰以冲击波的速度传播，有尖锐的敲击声，而表面点火时敲缸声比较沉闷。爆燃与表面点火会相互促进，严重的爆燃必然增加向缸壁的传热，促使燃烧室内炽热点的形成，表面点火的倾向增大；早燃使缸内压力升高率和最高压力提高，末端混合气自燃准备所需时间缩短，也必然使爆燃的倾向增大。

四、使用因素对燃烧过程的影响

1. 点火提前角

混合气在发动机内完全燃烧需要一定的时间(为0.001～0.005s)，为使热效率充分发挥，必须在活塞越过上止点后12°～15°曲轴转角时，混合气正好全部燃烧，出现最高压力点。因此点火时间必须适当提前，使混合气尽量在上止点附近燃烧，以获得最大的燃烧放热量和气体膨胀功。

火花塞电极间开始跳火时，距上止点间的曲轴转角称为点火提前角。发动机在不同的节气门开度、转速及混合气浓度下运转时，所需的点火提前角是不同的。在点火提前角过小时，大部分混合气的燃烧延迟到膨胀行程进行，燃气与汽缸热交换面积扩大，排气温度升高使转变为功的热量减少，致使发动机过热功率下降，耗油率增加。点火提前角过大时，就会有相当部分的混合气在压缩过程中燃烧，燃烧最高压力和压力升高率过大，活塞所消耗的压缩功增加，使爆震倾向加大，加速机件的损坏，耗油率增加。只有选择合适的点火提前角，才能得到合适的压力升高率，使最高压力出现在上止点后12°～15°曲轴转角。此时发动机转动平稳，功率最大，有效耗油率最低，该工况下的点火提前角称为最佳点火提前角，如图4-3中θ_0所示。

在点火与汽油喷射结合的电控系统中，电控的点火系统能保证发动机在任意运行工况下获取最佳的点火提前角，使发动机具有最佳的性能。

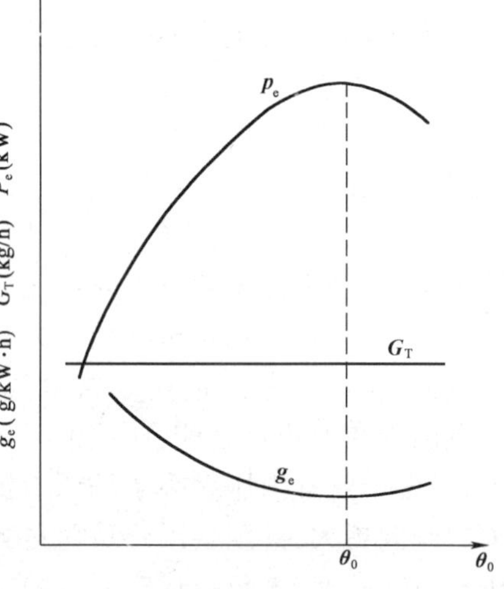

图4-3　点火调整特性

2. 混合气成分

混合气成分对燃烧过程和发动机性能有很大影响。改变空气过量系数Φ_{at}值时，火焰传播速度的变化如图4-4所示。

1)功率混合气

当$\Phi_{at}=0.85\sim0.95$时，火焰传播速度最快。这种浓度的混合气将使发动机发出最大功率，故称为功率混合气。该混合气易使爆震倾向加大。当汽油机使用这种浓混合气时，由于氧气量不足，使燃料不能完全燃烧，有效耗油率较高。

2)经济混合气

当$\Phi_{at}=1.05\sim1.15$时，火焰传播速度仍较高，混合气中的氧气足以使燃料完全燃烧，此时发动机的热效率最高，有效耗油率最低，故称经济混合气。由于汽车行驶的大部分时间是汽油机处于中等负荷下工作，使用经济混合气可提高汽车的燃料经济性。

3)过浓、过稀混合气

当汽油机混合气过浓时，由于空气不足，燃料燃烧不完全，将引起排气管冒黑烟，严重时将使未燃的油分子与空气中的氧分子急骤燃烧而造成排气管放炮。此时，一氧化碳、碳氢化合物排放增加，氮氧化合物排放较少；若混合气过稀，则由于火焰传播速度缓慢，易使燃烧不稳定，补燃量增加，燃烧过程延续到排气行程终了。由于此时进气门已开启，含氧过剩的高温废气可以点燃进气管内的新气，易造成发动机回火。

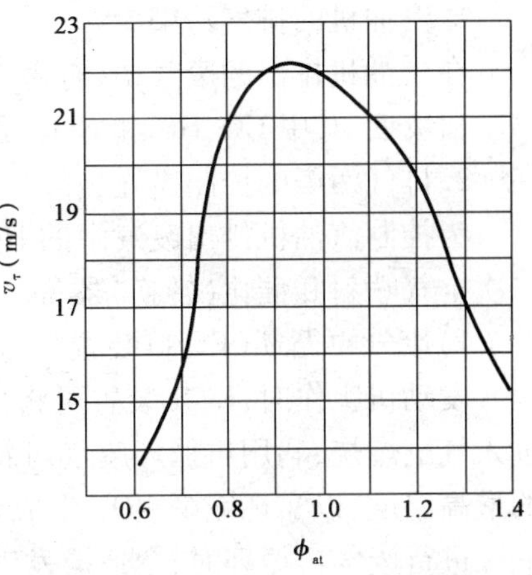

图4-4　混合气成分对火焰传播的影响

3. 转速

1）对着火延迟期的影响

发动机转速升高时，混合气流经进气系统的流速增大，活塞运动速度加快，压缩过程的挤气作用增强，使混合气的雾化和混合质量得到改善；转速的增加使压缩过程所占时间缩短，散热量相对下降，压缩终了气体的压力和温度均升高，使着火延迟期缩短，但不如转速上升的比例大，致使着火延迟期所占的曲轴转角加大。因此，为保持最大功率，点火提前角需要加大。实际发动机的点火装置中，带有随转速升高自动增大点火提前角的离心式点火提前装置。当转速增加时，自动增大点火提前角，或由电控的点火系统自动调节。

2）对爆燃的影响

转速升高时火焰传播速度加快，易产生爆燃的部位在自燃准备尚未完成时火焰前锋已经到达，爆燃倾向下降。因此当低速运转的汽油机发生爆燃时，可用提高转速的方法消除。

4. 负荷

1）对着火延迟期的影响

在一定转速下，发动机负荷减小时，节气门开度关小，进入汽缸的新鲜混合气数量减少，残余废气相对增多，此时燃烧室壁面的温度较低，使着火延迟期延长。因此，要求点火提前角比大负荷时提前些。点火装置中带有随负荷减少自动加大点火提前角的真空提前调节装置，可自动调节，或由电控的点火系统自动调节。

2）对爆燃的影响

负荷减少时，由于残余废气的稀释作用增大，火焰传播速度下降，燃烧的最高温度及压力下降，爆燃倾向减少，故可用减小负荷的方法消除爆燃。

5. 冷却液温度

冷却液温度过高时，引起燃烧室壁过热，使表面点火和爆燃倾向增大，并使进入汽缸的空气密度减小，发动机功率下降；冷却液温度过低时，混合气的雾化混合不良，压缩终点气体的压力及温度较低，燃烧速度缓慢，散热量增加，功率和热效率均下降，耗油率增加。所以在使用中应注意消除发动机水套内的水垢，运行中应注意控制调节发动机冷却液的温度，保持发动机冷却液的温度在80～95℃范围内。

五、汽油机的排气污染与控制

汽油机的排放污染源主要有汽油机排出的废气、燃油箱及曲轴箱窜出的气体等。现仅对汽油机的排气污染进行介绍。

1. 汽油机的排气污染

在汽油机排出的废气中，有害人体健康、污染大气的污染物主要包括 CO、HC、NO_X、SO_2、CO_2 和炭烟，其中 CO、HC 和 NO_X 是汽油机中的主要污染物。

2. 排气污染的控制措施

为控制汽油机排出废气中的 HC、CO 和 NO_X 含量，目前采取的主要措施有：废气再循环、二次空气喷射和催化（转换）器等。

1）废气再循环（EGR）装置

发动机工作时，EGR 装置可将排气管中的适量废气引流到进气管中，随新鲜混合气一起进入气缸燃烧，利用再循环废气对新鲜混合气的稀释作用和对燃烧速度的抑制作用，降低燃烧的最高温度，以实现减少 NO_X 生成量的目的。

进行废气再循环时，会造成发动机的动力性略有下降。此外，怠速、小负荷时进行废气再循环，容易导致发动机熄火；全负荷时进行废气再循环，会使发动机不能满足大功率要求。因此，废气再循环仅适于中等负荷进行，而且应随发动机负荷和转速的降低，相应减少废气再循环量。发动机工作时，是否进行废气再循环以及废气循环量，是由 EGR 装置来自动控制的。

目前，汽油机上装用的 EGR 装置按其控制方式不同，可分为开环控制和闭环控制两种类型。开环控制的 EGR 装置又可分为机械控制式和电子控制式。如图 4-5 所示，开环电控 EGR 装置主要由 EGR 阀和 EGR 电磁阀等组成。EGR 阀安装在废气再循环通道中，EGR 电磁阀安装在通向 EGR 阀的真空通道中；ECU 根据发动机水温、节气门开度、转速和起动信号等控制电磁阀的通电或断电。EGR 电磁阀断电时，控制 EGR 阀的真空通道接通，EGR 阀开启，进行废气再循环；EGR 电磁阀通电时，控制 EGR 阀的真空通道被切断，EGR 阀关闭，停止废气再循环。进行废气再循环时，废气再循环量的多少取决于 EGR 阀的开度，而 EGR 阀的开度直接由真空度控制。由于真空管口设在靠近节气门全闭位置的上方，随发动机转速和负荷（节气门开度）的增大，真空管口处的真空度增加，EGR 阀的开度增大，废气再循环量增多；随发动机转速和负荷减少，EGR 阀开度也减少，废气再循环量减少。

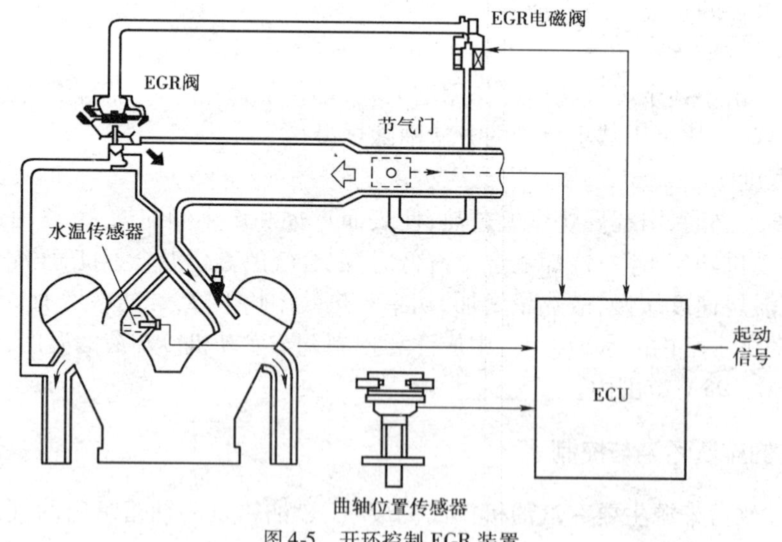

图 4-5　开环控制 EGR 装置

闭环控制 EGR 装置与开环电控 EGR 装置的主要区别是：在控制系统中设有检测实际的 EGR 率或 EGR 阀开度的传感器，ECU 根据此传感器的反馈信号修正控制废气再循环量，其控制精度更高。废气再循环率（EGR 率）表示废气再循环量的多少，指废气再循环量在进入气缸内的气体中所占的比率，即

$$\mathrm{EGR} = \frac{\mathrm{EGR}\text{量}}{\text{进气量} + \mathrm{EGR}\text{量}} \times 100\%$$

2）二次空气供给装置

二次空气供给装置可将新鲜空气送入排气管内，利用废气中的高温，使排气中的 HC 和 CO 进一步氧化，达到排气净化的目的。电控二次空气供给装置如图 4-6 所示。

二次空气控制阀由舌簧阀和膜片阀组成，来自空气滤清器的二次空气进入排气管的通道受膜片阀控制，膜片阀的开闭由进气歧管的真空度驱动，其真空通道由 ECU 通过电磁阀控制。装在二次空气控制阀中的舌簧阀是一个单向阀，主要用来防止排气管中的废气倒流。点火开关接通后，蓄电池即向二次空气电磁阀供电，ECU 控制电磁阀搭铁回路。电磁阀不通电时，关闭通向膜片阀真空室的真空通道，膜片阀弹簧推动膜片下移，关闭二次空气供给通道，不允许向排气管内提供二次空气。ECU 给电磁阀通电，电磁阀开启膜片阀真空室的真空通道，进气管真空度将膜片阀吸起，排气管内的脉动真空即可吸开舌簧阀，使二次空气进入排气管。有些发动机的二次空气供给装置，利用空气泵将新鲜空气强制送入排气管。

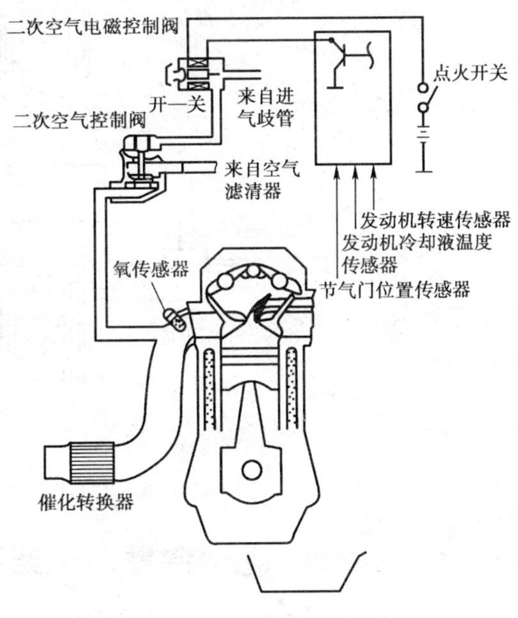

图 4-6　二次空气供给装置

3）催化（转换）器

催化（转换）器中装有促使废气中有害物进行氧化或还原反应的催化剂。当废气流经催化器时，通过化学反应使有害气体转化为无害气体，以达到降低排气污染的目的。

汽车上装用的各类催化器如图 4-7 所示。氧化催化器可促使废气中的 CO 和 HC 氧化成 CO_2 和 H_2O，还原催化器可促使 NO_X 还原成 N_2 和 O_2。三元催化转换器具有促使 CO、HC 氧化和促使 NO_X 还原的双重功能。催化剂一般为铂（或钯）与铑贵重金属的混合物。

催化转换器的转换效率受混合气浓度和排气温度的限制。当混合气过浓或过稀时，催化器的转换效率均会急剧下降。为此，催化器适用在能精确控制混合气浓度的电控燃油喷射发动机上，而且对混合气浓度的控制采用带氧传感器的闭环控制系统。此外，排气温度过高（t > 815℃）时，三元催化转换器的转换效率将明显下降。

采用二次空气供给和催化转换的方法减少排气污染，均属对废气进行的后处理措施，对汽油机的燃烧过程不会产生影响。

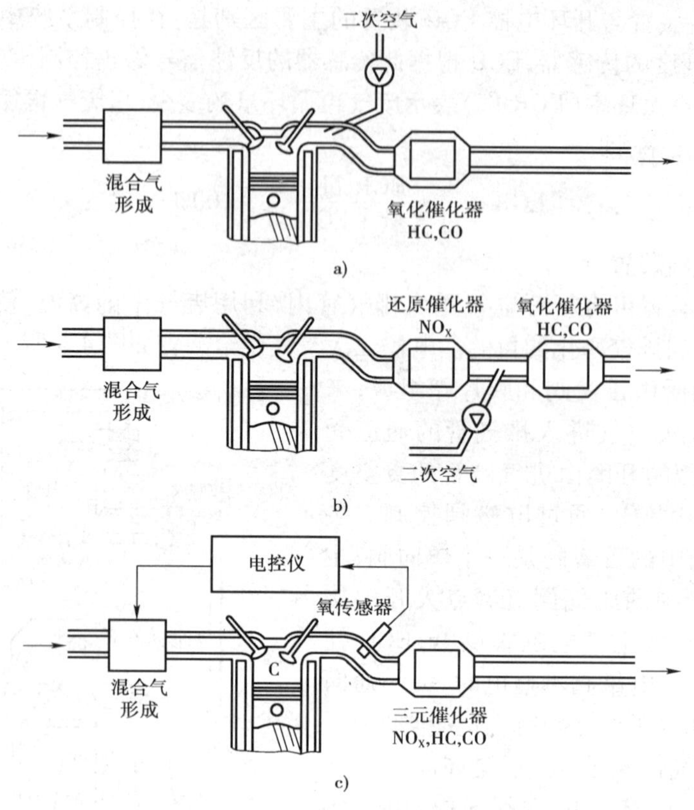

图 4-7　催化(转换)器

a)单链催化器;b)双链催化器;c)单链三元催化器

课题二　柴油机的燃烧过程

一、柴油机混合气的形成

1. 柴油机混合气的形成特点

柴油黏度大且不易蒸发。因此,在柴油机工作时,必须借助高压油泵提高其压力,并在各缸接近压缩行程终了时由喷油器将一定量的柴油喷入汽缸,使之在汽缸内部与高温高压的流动空气混合,形成可燃混合气,自行着火燃烧。柴油喷入汽缸后,由于缸内温度远远高于柴油的自燃温度,所以在喷油器喷油结束之前就会着火燃烧,形成边喷油、边雾化、边混合、边燃烧。

2. 混合气的形成方式

柴油机混合气的形成方式可分为空间雾化式和油膜蒸发式两种。

(1)空间雾化混合方式。其特点是喷油器将柴油以一定压力、一定射程和一定雾化质量喷入燃烧室的整个空间,在整个燃烧室形成油雾,并从高温空气中吸热蒸发、扩散,与高温高压空气混合形成可燃混合气。这种混合气形成方式,要求喷油器的喷雾特性(射程、锥角和形状)必须与燃烧室的形状匹配。

柴油机无论采用何种混合气形成方式,为得到均匀的混合气,一般都要求燃烧室内有一定的空气运动，即涡流；同时，柴油机一般都采用多孔喷油器，以扩大油雾分布的范围。适当的涡流运动，有利于油雾的蒸发与扩散，对混合气还能起到搅拌的作用，使混合气形成更容易、更均匀。但汽缸内的涡流运动也不宜过强，否则会使燃烧后的废气与未燃烧的混合气混合，反而对燃烧过程产生不利影响。

(2)油膜蒸发混合方式。其特点是喷油器将大部分柴油喷射到燃烧室的壁面上，形成一层油膜，油膜在强烈的空气涡流作用下，受热蒸发并与流动的空气混合，形成较均匀的可燃混合气。

与采用空间雾化混合形成方式相比，采用油膜蒸发式混合气形成方式，燃烧过程开始后，由于燃烧室壁面上的油膜逐层蒸发、逐层燃烧，同时参与燃烧的混合气量较少，所以缸内气体的压力增长较慢、较平稳，柴油机工作也比较柔和，但动力性较差。

车用柴油机工作时，两种混合方式兼而有之，通常以空气雾化混合方式为主要形式。

二、柴油机的燃烧过程

由于柴油机的燃烧过程与混合气形成同时进行，所以柴油机燃烧过程比汽油更复杂。根据燃烧过程中缸内压力的变化特点，柴油机的燃烧过程通常分为着火延迟期、速燃期、缓燃期和补燃期四个阶段，如图 4-8 所示。

1. 着火延迟期(图 4-8 中第 I 阶段)

在着火延迟期内，混合气尚未着火，仅进行着火前的物理化学准备，其放热很小，缸内气体压力和温度变化主要取决于压缩行程。

着火延迟期的长短一般用曲轴转角或时间表示，对柴油机的燃烧过程有极大的影响。着火延迟期越长，期间喷入汽缸的柴油量越多，形成的混合气数量也越多，而这些混合气在速燃期内几乎同时燃烧，使压力增长率和最高压力升高，机件承受的机械负荷增大，使柴油机工作粗暴。

2. 速燃期(或称急燃期，图 4-8 中第 II 阶段)

速燃期是柴油机燃烧的重要时期，直接影响发动机的动力性、经济性和排放性。在速燃期内，混合气着火后形成多个火焰中心，各自向四周传播，使混合气迅速燃烧，放出大量热量，接近定容加热过程，使汽缸内温度、压力迅速升高。速燃期结束时，缸内最高压力可达 6～9MPa。速燃期内压力升高率过大，会导致柴油机运转不平稳，燃烧噪声增大；同时也会增加机件的冲击负荷，使其使用寿命降低。此外，速燃期内过大的压力升高率和最高压力必然导致燃烧最高温度的升高，使排气中的 NOx 含量增加。但压力升高率太小，则热效率降低，发动机动力性下降。

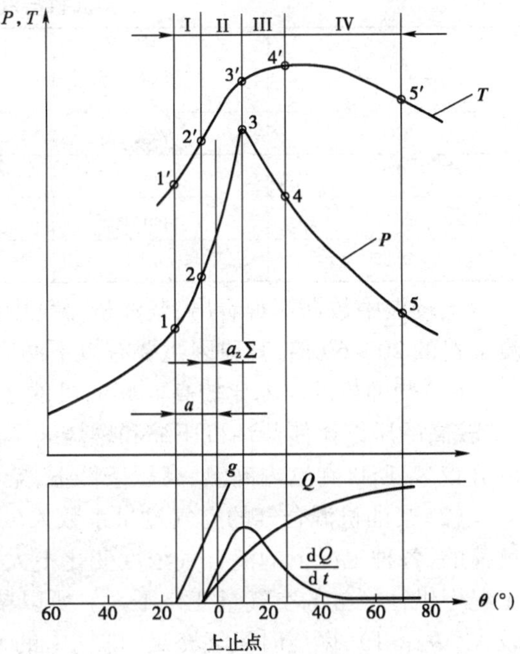

图 4-8　柴油机的燃烧过程

1-开始喷油；2-开始着火；3-最高压力点；4-最高温度点；5-燃烧基本完成

柴油机速燃期内的压力升高率，一般应控制在每度曲轴转角 400 ~ 600kPa 的范围内。

3. 缓燃期(图 4-8 中第 III 阶段)

在此期间，虽然喷油过程已结束，但缸内仍有大量未燃烧的混合气继续燃烧，使缸内温度继续升高，最终达到最高温度(1700 ~ 2000℃)。但由于此阶段的燃烧是在汽缸容积不断增大的膨胀行程进行，而且随着燃烧的进行，燃烧废气不断增多，氧气及柴油浓度不断下降，尤其到缓燃期的后期，燃烧速度显著减慢，缸内压力也迅速降低。

缓燃期结束时，大部分柴油已燃烧完毕，放热量约为循环放热量的 70% ~ 80%。

4. 补燃期(图 4-8 中第 IV 阶段)

补燃期的终点较难确定，一般规定放热量达到循环放热量的 95% ~ 97% 时，即可认为补燃期结束。补燃期中燃烧放出的热量，不仅很难有效利用，反而使零件热负荷增大，排气温度升高，易使发动机过热，因此应尽量缩短补燃期。

三、柴油机的排气污染与噪声

1. 柴油机排气污染

炭烟和噪声是柴油机燃烧过程存在的主要问题。柴油机与汽油机相比，排气污染物的种类和污染物的产生原因基本相同，但各种污染物的排放量差别很大，见表 4-1。

柴油机与汽油机排气污染比较 表 4-1

有害成分	单位	汽油机	柴油机	
			直接喷射式燃烧室	分隔式燃烧室
CO	%	0.6 ~ 5	0.05 ~ 0.5	0.05 ~ 0.5
HC	ppm	2000	500 ~ 1000	200 ~ 300
NOx	ppm	4000	1500 ~ 2000	700 ~ 1000
炭烟	g/m^3	0.005	0.2 ~ 0.3	0.1 ~ 0.15

比较表中数据不难看出，柴油机排气中的 CO、HC 和 NO_x 含量比汽油机低，但炭烟排量是汽油机的 20 ~ 60 倍，其原因主要有以下两方面：

(1)柴油机的压缩比较高。柴油机的压缩比一般为 14 ~ 22，汽油机的压缩比一般为 6 ~ 9。较高的压缩比使柴油机压缩和燃烧终了的压力约为汽油机的 2 倍，加之柴油中所含的重质成分较多，所以在缸内高温、高压条件下，柴油的裂解和脱氢比汽油严重，生成的炭烟较多。

(2)柴油机混合气的空气过量系数大。汽油机是通过改变供给汽缸的混合气数量来调节负荷的，各种工况下的混合气浓度变化不大；而柴油机是通过改变供油量来调节负荷的，各种工况下供往汽缸的空气量变化不大。所以柴油机在多数工况下，混合气的空气过量系数都比较大($\Phi_{at} > 1$)，燃烧时氧气充足，排气中的 CO 和 HC 含量也较小。此外，由于柴油机工作时的混合气较稀，燃烧最高温度也比较低，一般比汽油机低 130 ~ 330℃，所以排气中的 NOx 含量也比汽油机低。

柴油机工作中，随负荷的增大，混合气变浓，排气中的 CO、HC 和 NOx 含量也会随之增加。燃烧室的结构对柴油机的排气污染影响也很大，分隔式燃烧室比直接喷射式燃烧室的面容比(表面积与容积之比)大，容易散热，缸内温度较低；且燃烧时可产生较强的涡流，有利于燃烧充分，所以采用分隔式燃烧室的柴油机排气污染较低。

2. 柴油机的燃烧噪声

发动机是汽车的主要噪声源。发动机的噪声主要包括燃烧爆发力产生的噪声、运动件产生的机械噪声、风扇和进排气产生的空气动力噪声。不同发动机,各种噪声在总噪声中所占的比例有很大差异,柴油机一般比汽油机的噪声大(约6~8dB),其主要根源是燃烧噪声。燃烧噪声是柴油机燃烧过程存在的主要问题之一。

燃烧噪声是由于燃烧过程中,缸内气体压力急剧变化而产生压力波,这种压力波通过汽缸体、汽缸盖等向外辐射而引起的。此外,燃烧产生的压力波,也会对汽缸体、汽缸盖、活塞、连杆等产生冲击引起机械振动,从而产生机械噪声。

控制柴油机的燃烧噪声,主要应采取两方面措施:一是控制着火延迟期内混合气的形成数量,如:适当减小喷油提前角、选用发火性好的柴油、适当提高压缩比等;二是控制燃烧速度,如采用废气再循环等。

四、改善柴油机燃烧过程的措施

燃烧过程对柴油机的性能有重要影响。深入分析各种因素对燃烧过程的影响,寻求改善燃烧过程的措施,其目的就是提高柴油机的动力性和经济性,降低排气污染。

1. 使用措施

1)正确选用燃料

柴油的发火性和蒸发性是影响燃烧过程的重要因素。柴油的十六烷值高,发火性好,可有效缩短着火延迟期,对减小燃烧噪声非常有利。柴油的馏程低,蒸发性好,容易形成高质量的混合气,燃烧速度快,且易于完全燃烧,对提高柴油机的热效率和降低排气污染有利。

2)合理选择并准确控制喷(供)油提前角

喷油器开始向汽缸内喷油,到活塞运行至压缩行程上止点,这期间曲轴转过的角度称为喷油提前角。测量喷油提前角比较困难,一般测量供油提前角。供油提前角比喷油提前角略大。它是指喷油泵向喷油器供油开始,到活塞运行至压缩行程上止点为止曲轴转过的角度。

喷油提前角过大,燃油喷入汽缸时,缸内空气的压力和温度较低,着火延迟期长,燃烧时的压力升高率和最高压力升高,使柴油机工作粗暴;此外,喷油提前角过大时,还会因压缩消耗功过多,导致柴油机功率下降、油耗增加。喷油提前角过小,则燃油不能在上止点附近燃烧完毕,使补燃期延长,废气带走的热量增加,排气温度升高,燃烧过程中的压力升高率和最高压力降低,热效率明显下降。但适当减小喷油提前角,可防止柴油机工作粗暴。

柴油机的工况不同,要求的喷油提前角不同。对应每一种工况,都有一个最佳的喷油提前角,此时柴油机的功率最高,燃油消耗率最低,但往往排气污染和噪声比较严重。

柴油机的最佳喷(供)油提前角不是固定不变的,必须根据发动机工况来选择合适的喷(供)油提前角,选择时也不能只考虑其动力性、经济性或排放性指标,而应以获得良好的综合性能为目标。

3)合理控制柴油机的转速和负荷

随转速升高时,由于散热损失和活塞环的漏气损失减小,使压缩终点的温度、压力增高;转速升高,也会使喷油压力提高,从而改善燃油的雾化;随转速提高,汽缸内的空气涡增强,有利于燃料的蒸发、雾化及与空气混合,对保证燃烧完全有利,因此,在使用中应尽量使柴油机维持较高的转速运转。但柴油机的转速也不易过高,因为当负荷一定时,随着转速提高,充气效率会下降,而喷油泵的循环供油量会增加,因此转速过高会导致热效率下降,排气污染加剧。

柴油机随负荷增加,每循环供油量增加,由于转速一定时,进入汽缸的空气量基本不变,过量空气系数减小,汽缸单位容积混合气燃烧放出的热量增加,使缸内温度上升,着火延迟期缩短,因此柴油机工作更柔和。但随负荷增加,每循环供油量增加,使喷油持续角增加,燃烧过程延长,燃烧不完全程度增加,热效率下降。负荷过大时,因混合气过浓,使燃烧急剧恶化,不完全燃烧及补燃显著增加,将导致柴油排气冒黑烟,热效率急剧下降。

柴油机在低速、小负荷工况下运转时,由于缸内温度和压力低,使着火延迟期延长,尽管喷油量不多,也会使压力升高率较大,并产生较强的燃烧噪声,即所谓柴油机的"惰转噪声"或称"怠速噪声"。尤其在柴油机冷起动时,由于喷油量大,这种噪声更明显。随着柴油机负荷增大,热状态转入正常后,惰转噪声会自行消失。

由此可见,在使用中,应尽量使柴油机维持中等负荷工况,减少小负荷和全负荷运转的时间,以便使柴油机发挥良好的综合性能。

2. 结构措施

1)合理选择压缩比

由于柴油采用压缩自燃的着火方式,所以必须有足够大的压缩比,以保证可靠的着火燃烧。

对柴油机压缩比的一般选取原则是:以保证冷起动容易和在各种工况下获得可靠而有效的燃烧为前提,尽量选用较低的压缩比。

2)合理设计燃烧室

燃烧室的结构形状和喷油器的布置确定了混合气的形成方式。柴油机的燃烧室可分为两类,直接喷射式燃烧室和分隔式燃烧室。

各种燃烧室都有不同的优点和缺点,为提高柴油机的性能,必须根据柴油机的用途,正确选择燃烧室的类型并合理设计其结构。

3)保证合适的喷油规律

单位时间(或曲轴转角)内的喷油量随时间(或曲轴转角)的变化关系称为喷油规律。

从减轻柴油机燃烧粗暴性和保证较高燃烧效率考虑,比较理想的喷油规律是"先缓后急并尽量缩短喷油时间"。保证合适的喷油规律,对改善柴油机的燃烧过程、提高柴油机的性能非常重要。为保证合适的喷油规律,必须合理设计供油系统的结构、合理选择其参数,并在使用中正确调整。

4)保证良好的油束特性

柴油以很高的压力从喷油器细小的喷孔中喷出时,使柴油分散成由大小不等的微粒所组成的圆锥形油束,这一过程称为雾化。油束由中心到外部,油粒直径逐渐减小,运动速度逐渐降低,喷射的距离逐渐缩短。将柴油雾化后喷入汽缸,其目的是增加柴油与空气的接触面积,加速柴油的蒸发和混合气形成,由于油束外部油粒直径细小,与气接触面积也大,所以最先蒸发并与空气混合形成混合气。

油束特性通常用油束形状和雾化质量来描述。如图 4-9 所示,油束形状的主要参数是油束射程 L 和油束锥角 β。

油束射程标志着油束前端在压缩空气中的最大喷射距离,油束锥角标志着油束的横向分布范围。柴油机对油束形状的要求,必须与燃烧室的结构形状相适应。

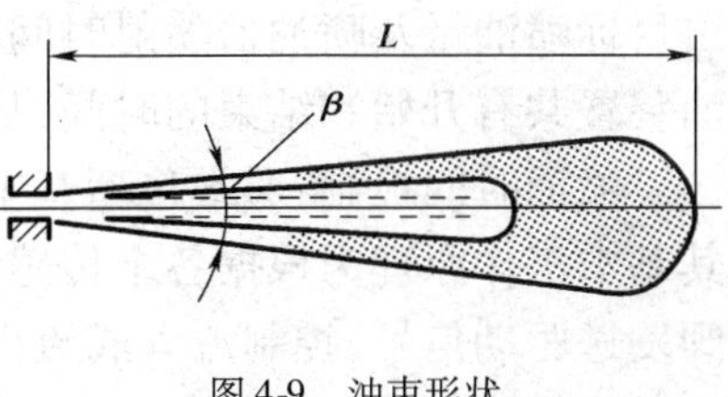

图4-9 油束形状

雾化质量是表示柴油吹散雾化的程度,一般是指喷雾的细度和均匀度。细度可用油束中油粒的平均直径来表示,平均直径越小,说明雾化越细。均匀度是指油束中油粒大小相同的程度及油粒分布的均匀程度。

3. 柴油机电控燃油喷射技术及其应用

柴油机电子控制燃油系统经历了三代发展变化:第一代是“凸轮压油 + 位置控制”,主要是将机械式调速器和提前器换成了电子控制装置;第二代为“凸轮压油 + 电磁阀时间控制”,主要采用高速电磁阀对喷油量和喷油时间进行控制;第三代为“燃油蓄压 + 电磁阀时间控制”,即将喷油量和喷油时间控制融为一体,使燃油升压机构相对独立,实现燃油压力与发动机转速、负荷无关,具有可以独立控制燃油压力的共轨,喷油量和喷油时间等参数直接由装在各气缸上的喷油器控制,是新的一代柴油电控喷射系统。如图4-10所示,为柴油机电控共轨式燃油系统典型结构示意图。

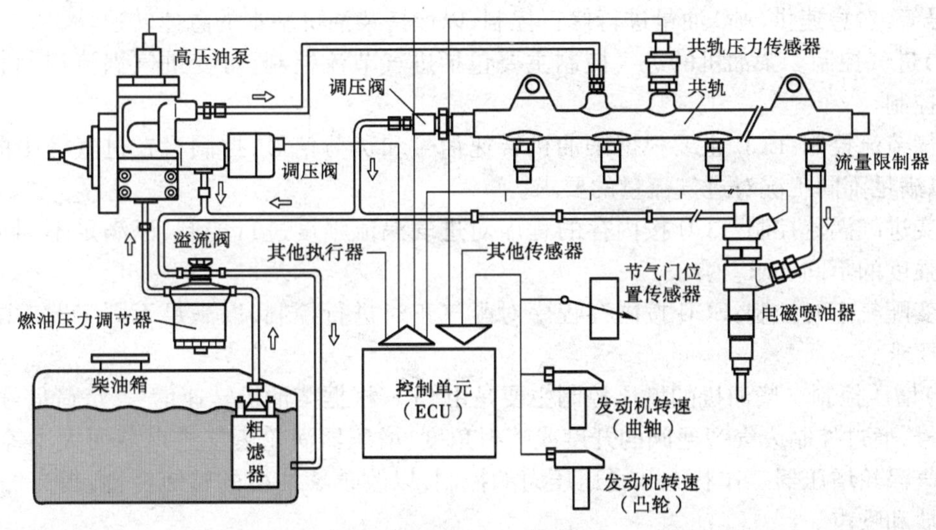

图4-10 柴油机电控共轨式燃油系统典型结构示意图

1)柴油机电控燃油喷射系统的主要控制功能

随着柴油机电控技术的发展,柴油机电控系统从最基本的燃油喷射控制,即供(喷)油量控制和供(喷)油正时控制,已扩展到包括对喷油量控制、喷油时间控制、喷油压力控制、喷油率控制的多目标燃油喷射控制,并从单一的燃油喷射控制扩展到包括怠速控制、进气控制、增压控制、排放控制、起动控制、巡航控制、故障自诊断、失效保护、发动机与变速器综合控制等全方位集中控制。控制功能的主要内容为:

(1)燃油喷射控制。主要包括喷油量控制、喷油时间控制、喷油压力控制、喷油率控制等。

喷油量控制:通常包括基本喷油量控制、怠速转速控制、起动喷油量控制、加速时喷油量控制、不均匀油量补偿控制、核定车速控制等,其基本原理是根据各种传感器的信息,ECU 计算出目标喷油量及喷油器喷射时间，并发送驱动信号；喷油装置中的电磁阀开启或关闭，控制喷油装置共有开始和结束的时间，从而控制喷油量。

喷油时间控制：通常包括基本喷油时间控制、起动喷油时间控制和低温喷油时间控制等，其基本工作原理为根据各个传感器的信息，ECU 计算出目标喷油时间并向喷油装置中的电磁阀发送驱动信号，控制流入或流出提前器的工作油，改变燃油压送凸轮的相位角，或提前或迟后，从而控制喷油时间。

喷油压力控制：主要指基本喷油压力控制。其工作原理是根据各传感器的信息和装载共轨上的压力传感器信号，ECU 计算出目标喷油压力和实际喷油压力，经对比两压力值，发出控制指令控制供油泵升高或降低压力。

喷油率控制：包括预喷油量控制和预行程控制，其控制原理是根据传感器的信息，ECU 计算出预喷射油量和预喷射时间间隔等喷油参数，并将与发动机运行工况相适应的最佳值作为目标最佳预喷油量和目标最佳预喷油时间，从而实现喷油率的最佳控制。

(2)怠速控制。柴油机的怠速控制主要包括怠速转速控制和怠速时各缸均匀性的控制。

柴油机在怠速工况时，ECU 以柴油机转速信号和负荷信号作为主控制信号，按内存程序确定怠速时的供(喷)油量，并根据冷却水温度信号、进气温度信号、空调开关信号、转速(反馈)信号等，对怠速供(喷)油量进行修正控制，以保持柴油机基本的怠速转速。

(3)进气控制。柴油机的进气控制主要包括进气节流控制、可变进气涡流控制和可变配气正时控制。

进气节流控制：ECU 主要根据柴油机转速信号和负荷信号，控制设在进气管中的节气门开关，以满足不同工况对进气流量的要求。

可变进气涡流控制：ECU 按内存的程序对进气涡流强度进行控制，以满足不同工况对进气涡流强度的不同要求。

可变配气正时控制：ECU 按内存程序对配气正时进行控制，以满足不同工况对配气正时的不同要求。

(4)增压控制。柴油机的增压控制主要是由 ECU 根据柴油机转速信号、负荷信号、增压压力等信号，通过控制废气旁通阀的开度或喷射角度、增压器涡轮废气进口截面大小等措施，实现对废气涡轮增压器工作状态和增压压力的控制，以改善柴油机的转矩特性，提高加速性能，降低排放和噪声。

(5)排放控制。柴油机的排放控制主要是废气再循环(EGR)控制。ECU 主要根据柴油机转速和负荷信号，按内存程序控制 EGR 阀开度，以调节 EGR 率。

(6)起动控制。柴油机起动控制主要包括供(喷)油量控制、供(喷)油正时控制和预热装置控制。

(7)巡航控制。对带有巡航控制功能的柴油机电控系统，当通过巡航控制开关选定巡航控制模式后，ECU 即可根据车速信号等自动维持汽车以设定车速行驶。

(8)故障自诊断和失效保护。柴油机电控系统中同样包含故障自诊断和失效保护两个子系统。当柴油机电控系统出现故障时，自诊断系统将点亮仪表盘上的“故障指标灯”，提醒驾驶员注意，并贮存故障码。检修时可通过一定的操作程序调取故障码等信息，同时失效保护系统起动相应保护程序，使柴油机能继续保持运转或强制熄火。

(9)柴油机与自动变速器的综合控制。在装用电控自动变速器的柴油机汽车上,将柴油机控制 ECU 和自动变速器控制 ECU 合为一体,实现柴油机与自动变速器的综合控制,以改善汽车的变速性能。

在电控系统中,监测发动机的实际运行状态的各传感器,与汽油机电控系统中使用的传感器的工作原理和结构基本相同。常用的传感器有空气流量传感器、增压压力传感器、水温传感器、燃油温度传感器、曲轴角度传感器、节气门开度传感器等。

在共轨系统中,为了准确测量共轨内的燃油压力而在共轨上安装了压力传感器。其测量范围为 20 ~ 180MPa,以便在发动机各种运行工况下能精确地控制燃油压力。

2)电控共轨燃油喷射系统的基本工作原理

该系统通过各种传感器检测出发动机的实际运行状态,通过 ECU 中微型计算机的计算和处理,对喷油量、喷油时间、喷油压力和喷油率进行最佳控制。其基本工作原理为:柴油箱中的燃油经滤清器由输油泵输出送入供油泵,此时油压压力约为 0.2MPa,在供油泵内燃油压力上升到 135 MPa,并供入共轨。共轨内的压力调节阀调节 ECU 设定的共轨压力。高压燃油从共轨流入喷油器后一路直接喷入燃烧室,另一路与针阀导向部分和控制柱塞处泄漏出的燃油一起流回油箱。

(1)油路供给子系统。该子系统主要由供油泵、共轨和喷油器组成。共轨实际上是一种燃油分配管。柴油箱中的燃油经滤清器由输油泵输出送入供油泵,供油泵将燃油加压成高压,储存在共轨内的燃油在适当的时刻通过电磁喷油器喷入发动机汽缸内。电磁喷油器的开启和关闭由 ECU 指令控制。

(2)空气供给子系统。该子系统与汽油发动机电控燃油喷射系统基本相似,主要由空气滤清器、空气流量计或进气压力传感器、节气门位置传感器等部分组成,主要作用为检测进气状态信号并送至 ECU。

(3)电子控制子系统。该子系统由传感器、控制单元 ECU 和执行器三部分组成。ECU 根据各个传感器的信息计算出最佳喷油时间、最佳喷油量、喷油时刻及喷油时长,并向喷油器开闭电磁阀的控制指令,从而精确控制柴油发动机的工作过程。电控共轨燃油喷射系统电子控制系统框图如图 4-11 所示。

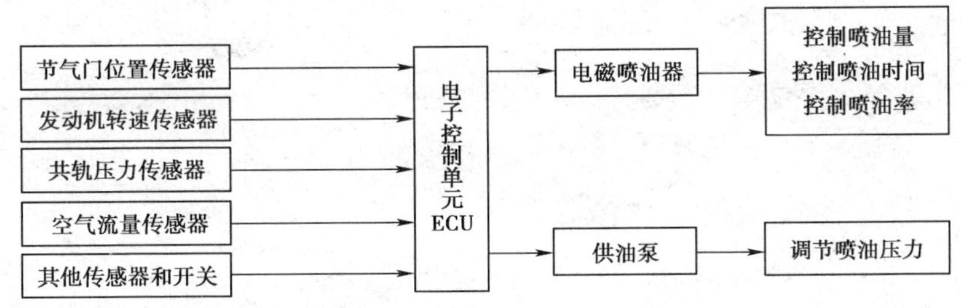

图 4-11 电控共轨式燃油喷射系统电子控制系统框图

3)电控共轨燃油喷射系统的特点

(1)自由调节喷油压力(共轨压力)。利用共轨压力传感器测量共轨内的燃油压力,从而调整供油泵的供油量,控制共轨压力(即喷油压力)。此外,还可以根据发动机转速、喷油量的大小与设定的最佳值进行反馈控制。

(2)自由调节喷油量。以发动机的转速及节气门开度信号的信息为基础,ECU 计算出最佳喷油量,通过控制喷油器电磁阀的通断时间直接控制喷油参数。

(3)自由调节喷油率形状。根据发动机用途的需要,设置并控制喷油率形状,实施预喷射、后喷射和多段喷射等。

(4)自由调节喷油时间。根据发动机转速和负荷等参数,计算出最佳喷油时间,并控制电控喷油器在适当的时刻开启、关闭,从而准确地控制喷油时间。

4)柴油机电控燃油喷射系统的优点

(1)改善低温起动性。由于柴油机是压燃式,发动机在低温条件下,着火相当困难,为此需使用预热塞。起动时,驾驶员先使发动机减压以提高转速,再返回压缩状态,起动预热塞使之迅速着火,这一系列操作十分麻烦,如果操作不熟练,很容易因反复起动而导致蓄电池放电过度。电子控制系统能够以最佳的程序替代驾驶员进行这种麻烦的起动操作,使柴油机低温起动更容易。

(2)降低 NOx 和炭烟的排放。采用柴油机电控技术,可精确地将喷油量控制在不超过冒烟界限的适当范围内,同时根据发动机工况调节喷油时刻,从而有效地抑制排烟。

(3)提高发动机运转稳定性。采用柴油机电控系统,电子式反馈控制电路具有较好的响应特性,运转稳定性较好,故不会产生游车。

(4)提高发动机的动力性和经济性。柴油机电控系统中,ECU 根据传感器信号精确计算喷油量和喷油正时,从而提高发动机的动力性和经济性。

单元五　发动机的特性

发动机性能指标随着调整情况和使用工况而变化的关系称为发动机特性，通常用曲线表示，称为特性曲线。其中：发动机性能指标随调整情况而变化的关系称为调整特性，例如汽油机的燃料调整特性、点火提前角调整特性、柴油机喷油提前角调整特性等；发动机性能指标随使用工况而变化的关系称为使用特性，如速度特性、负荷特性等。

本单元分别介绍汽油机和柴油机的速度特性和负荷特性，并简述柴油机的调速特性。

课题一　汽油机的特性

发动机节气门位置不变时，其性能指标随转速而变化的关系，称为发动机速度特性。速度特性包括全负荷速度特性（即外特性）和部分负荷速度特性。

为便于分析发动机的速度特性，通常由发动机台架试验测取一系列数据，并以发动机转速 n 作为横坐标，发动机的有效功率 P_e、有效转矩 M_e、有效燃油消耗 g_e 或单位时间耗油量 G_T 等作为纵坐标，绘制成速度特性曲线。通过分析发动机的速度特性，可以找出发动机在不同转速情况下工作时，其动力性和经济性的变化规律以及对应于最大功率（P_{emax}）、最大转矩（M_{emax}）和最小燃油消耗率（g_{emin}）时的转速，从而确定发动机最佳工作时的转速范围。

一、汽油机速度特性

当汽油机的燃料供给系和点火系调整为最佳，节气门开度固定不变时，其有效功率 P_e、有效转矩 M_e、有效燃油消耗率 g_e 等随发动机转速 n 变化的规律称为汽油机的速度特性。

当节气门保持最大开度时所测得的速度特性称为发动机的外特性；节气门在部分开度下所测得的速度特性，称为部分速度特性。外特性代表了发动机所能达到的最高动力性和经济性，是发动机的重要特性。一般汽油机铭牌上标明的 P_e、M_e 及相应的 n 都是以外特性为依据。由于节气门开度的变化可以是任意的，因此部分速度特性曲线是位于外特性之下的曲线簇。

1. 外特性曲线分析

如图 5-1 所示为车用汽油机的外特性曲线。

1）M_e 曲线

转矩特性直接影响汽油机的动力性能，它是一条上凸的曲线。

M_e 随 n 的变化取决于 Φ_{at}、η_v、η_i、η_m 随 n 的变化。节气门开度一定时，过量空气系数 Φ_{at} 基本不随 n 的变化而变化，即可视为常数，而 η_v、η_i、η_m 随 n 的变化如图 5-2 所示。

指示热效率 η_i 在某一中间转速时最大，低于或高于此转速 η_i 均会下降，但变化较为平坦，对 M_e 的影响不大。η_i 下降的原因是：转速 n 较低时，汽缸内气流扰动较弱，火焰传播速度慢导致燃烧缓慢，散热损失增加，漏气也增多，使 η_i 下降；n 较高时，燃烧所占曲轴转角大，在较大的容积内燃烧，传热损失增加，所以 η_i 也下降。

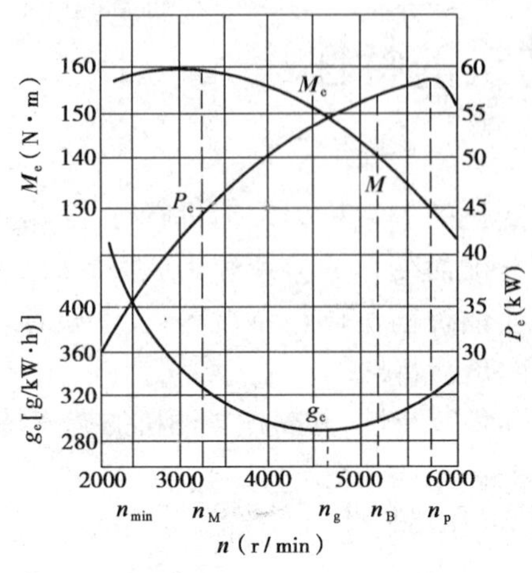

图 5-1　汽油机的外特性曲线

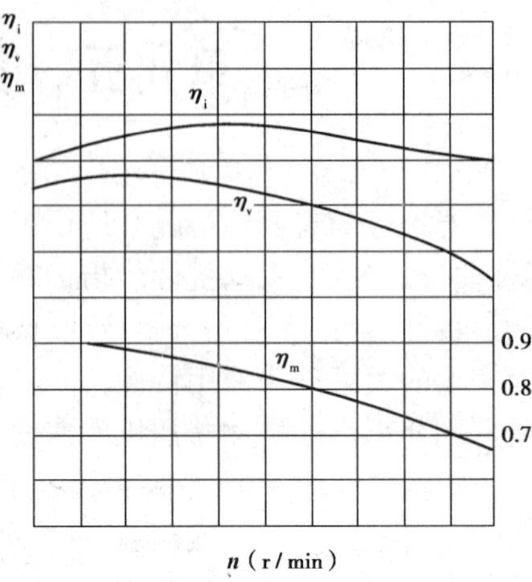

图 5-2　汽油机 η_v、η_i、η_m 随 n 的变化

机械效率 η_m 随转速的提高而明显下降，这是因为随转速提高，机械损失功率增加。

综合 η_v、η_i、η_m 随 n 的变化，可知有效转矩 M_e 随转速 n 的变化规律是：在较低的转速范围内，随转速的提高，由于 η_v、η_i 均提高，其影响超过了 η_m 下降的影响，故 M_e 逐渐增加。在某一转速，M_e 达最大值 M_{emax}；转速继续提高时，由于 η_v、η_i、η_m 随 n 的提高同时降低，因此 M_e 曲线迅速下降，曲线变化较陡。

2）P_e 曲线

在 M_e 小于 M_{emax} 的范围内，转速增加，转矩也增加，故 P_e 增加较快；此后，n 增加时，因 M_e 有所下降，故 P_e 的增长速度减慢，直至某一转速时，M_e 与 n 之积达最大值，使 P_e 达最功率 P_{emax}；若 n 再增加，由于 M_e 的下降已超过了 n 升高的影响，故 P_e 下降。

3）g_e 曲线

当转速较低时，由于 η_i 较低，所以有效燃油消耗率 g_e 较高；在转速较高时，η_i 也较低，同时因机械损失增加，η_m 降低，故有效燃油消耗率 g_e 也较高；只有在某一中间转速时，指示热效率与机械效率之积最大，有效燃油消耗率 g_e 达到最低值 g_{emin}。

汽油机采用增压技术，可提高充气效率 η_v 和指示热效率 η_i，所以其动力性和经济性也明显改善。某汽油机增压前后的外特性曲线，如图 5-3 所示。

2. 部分负荷速度特性曲线

图 5-4 为某汽油机节气门分别在全开、75% 开度、50% 开度和 25% 开度时，有效功率 P_e、有效转矩 M_e、有效燃油消耗率 g_e 随转速 n 的变化规律。汽车经常处于节气门部分开度下工作，因此，部分负荷速度特性曲线对实际使用的动力性和经济性有重要意义。

节气门部分开启时，由于进气阻力增加，充气效率下降，随 n 的提高，η_v 下降得较快。节气门开度越小，节流损失越大，M_e 随 n 增加而下降得越快，最大转矩点和最大功率点均向低转速方向移动。

从部分特性 g_e 曲线可见,并不是节气门全开时 g_e 曲线最低,因为此时采用的是浓混合气,存在燃烧不完全的现象。当气节门开度从100%逐渐减小时,由于混合气的加浓逐渐减轻,g_e 曲线的位置降低。节气门开度为80%左右时,g_e 曲线的位置最低。节气门开度再减小,由于残余废气相对增多,燃烧速度下降使 η_i 下降,燃油消耗率增加,g_e 曲线的位置又逐渐升高。

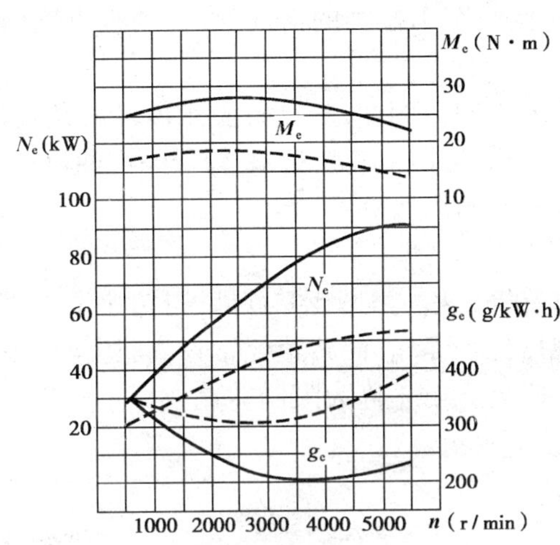

图5-3　汽油机增压前后的外特性曲线

实线-增压后;虚线-增压前

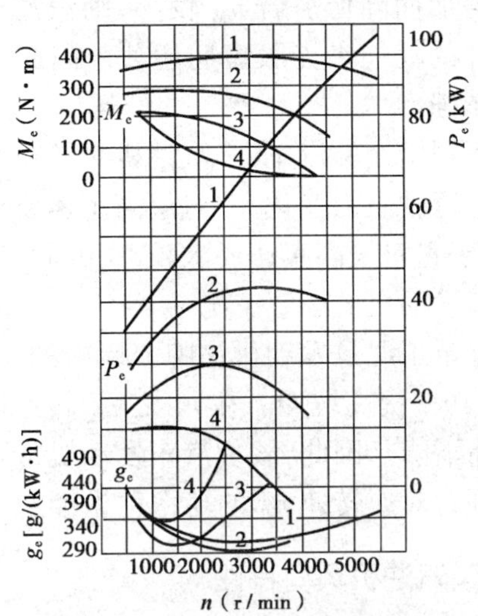

图5-4　汽油机部分负荷速度特性曲线

1-全负荷;2-75%负荷;3-50%负荷;4-25%负荷

3. 汽油机的工作范围

为保证较高的动力性,汽油机的工作转速范围应在最大功率转速 n_P 与最大转矩转速 n_m 之间。当工作转速 $n > n_P$ 时,汽油机的动力性、经济性和可靠性均大大下降,因而不能使用;当工作转速 $n < n_m$ 时,由于汽油机工作不稳定,也不可能使用。

为保证较高的经济性,汽油机工作的最有利转速范围应介于最大功率转速 n_P 和最低燃油消耗率转速 n_g 之间,此转速范围可以作为选择汽油机常用转速范围的参考依据。

4. 转矩储备系数

在发动机正常工作的转速范围内,节气门开度不变时,如果阻力矩增加,发动机转速将自动下降,发出的转矩增大至与阻力矩平衡时,又可在另一较低转速下稳定运转。为了评定发动机适应外界阻力矩变化的能力,常用转矩储备系数 u 或适应系数 k 作为评价指标。

$$u = \frac{M_{emax} - M_b}{M_B} \times 100\%$$

$$k = \frac{M_{emax}}{M_B}$$

式中:M_{emax}——外特性曲线上的最大转矩,N·m;

M_B——标定工况(或最大功率)时的转矩,N·m。

u 和 k 值大,表明转矩之差($M_{emax} - M_B$)值大,即随转速的降低,有效转矩 M_e 增加较快,在不换档的情况下,增强爬坡能力和克服短期超载能力。

由于汽油机的外特性转矩曲线弯曲度较大,随转速增加下降较快,转矩储备系数 u 在

10% ~30%之间,k 值为 1.2 ~1.4 时,适应性好。当汽车行驶阻力增加(如上坡)而迫使车速降低时,发动机能自动提高转矩,可减少汽车行驶中的换挡次数。

除转矩储备系数以外,最大转矩 M_{emax} 对应的转速 n_M 的大小也影响到发动机克服外界阻力的潜力。在实际使用中,当汽车突然遇到比较大的阻力时,发动机转速将由于外界阻力的增加而降低。若 n_M 较小,则汽油机能以较低的转速稳定地工作,并能充分运用内部运动部件的动能来克服短期超载。因此,n_M 越低,在汽车不换挡的情况下,发动机克服阻力的潜力越强。

不同用途的汽车,其汽油机对转矩特性的要求不同。例如,长期行驶于山区的载货汽车,由于它行驶阻力变化大,对最高车速要求较低,因此应选用 u 较大和 n_M 较低的汽油机;对于轿车,由于它对最高车速要求较高,因此宜选用 n_M 较高的汽油机。

5. 发动机的标定工况

标定工况是发动机铭牌上标出的功率及相应的转速。由图 5-1 可见,当转速增大至接近 n_p 时,功率提高缓慢。在 n_p 之后,转速增加,功率反而下降。而转速经常过高,还会使发动机的寿命下降。因此,载货汽车发动机常限制其转速为 n_B,n_B 称为限制转速或标定转速。节气门全开时对应转速 n_B 的功率称为标定功率,一般 $n_B \leq n_p$。

二、汽油机负荷特性

发动机工作时,若转速保持一定,其经济指标随负荷而变化的关系称为负荷特性。负荷特性曲线一般以发动机的负荷(有效功率 P_e、有效转矩 M_e 或平均有效压力 P_e)作为横坐标,以表示性能参数的经济性指标作为纵坐标,如每小时燃料消耗量 G_T 和有效燃油消耗率 g_e。通过分析发动机的负荷特性,可以了解发动机在各种负荷情况下工作时的经济性以及最低燃油消耗率时的负荷状态。

当汽油机的燃料供给系和点火系调整到最佳,保持在某一转速下工作时,逐渐改变节气门开度以适应外界负荷,每小时耗油量 G_T 和燃油消耗率 g_e 随有效功率 P_e(或有效转矩 M_e、有效平均压力 P_e)而变化的关系,称为汽油机负荷特性。汽油机的负荷调节是靠改变节气门开度,从而改变进入汽缸的混合气数量来实现的。此种负荷调节方式称为量调节,负荷特性又称节流特性。

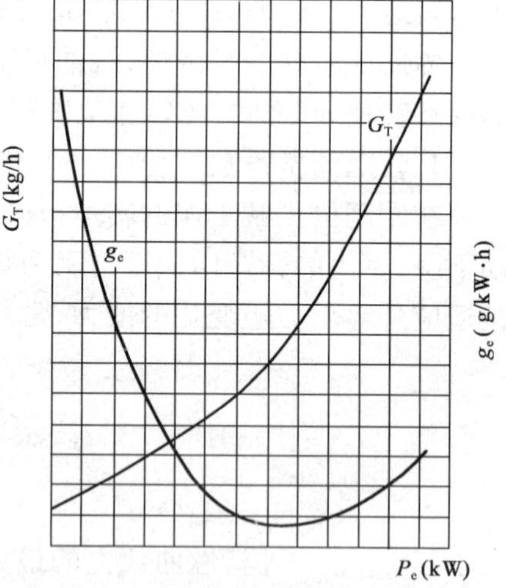

图 5-5　汽油机的负荷特性曲线

图 5-5 所示为车用汽油机在某一转速下的负荷特性曲线。对应不同的转速,有不同的负荷特性曲线,但各种转速下的负荷特性曲线相似。

1. G_T 曲线

当汽油机转速一定时,每小时燃油消耗量 G_T 主要取决于节气门开度和混合气成分。节气门开度由小逐渐加大时,充入汽缸的混合气量逐渐增加,G_T 随之上升;当节气门开度增大到约为全开度 80% 左右时,开始加浓工作,混合气变浓,G_T 上升的速度加快,曲线变陡。

2. g_e 曲线

由于 g_e 与指示热效率和机械效率的乘积成反比关系，因此，g_e 随负荷的变化规律取决于 η_i 和 η_m 随负荷的变化规律。

图 5-6 所示为 η_i 和 η_m 随负荷的变化关系。

汽油机怠速运转时，其指示功率完全用来克服机械损失功率，g_e 为无穷大。随着负荷增加，节气门开度加大，进入气缸的新鲜混合气增加，残余废气相对减少；发动机负荷增加使燃烧室的工作温度提高，燃料雾化条件改善，燃烧速度加快，散热损失及泵气损失相对减少。因此，指示效率 η_i 随负荷增加而上升，故 g_e 迅速下降，直至降到最低值。当负荷继续增加，节气门开度增大到全开度 80% 左右时，燃料供给系供给发动机较浓的功率混合气，燃烧不完全，η_i 下降，结果 g_e 又有所上升。

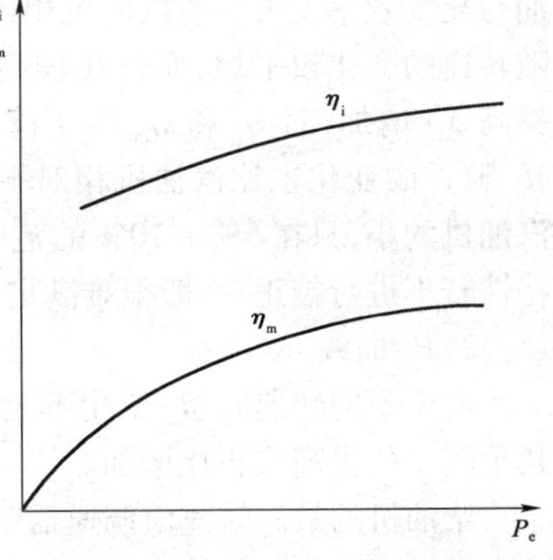

图 5-6　汽油机 η_i 和 η_m 随负荷变化关系

课题二　柴油机的特性

一、柴油机速度特性

当喷油泵油量调节机构（供油拉杆或齿条）位置固定不动时，柴油机的性能指标 P_e、M_e、g_e、G_T 随转速 n 变化的关系，称为柴油机的外特性（或全负荷速度特性），它表明柴油机可能达到的最高性能。当油量调节机构限定在小于标定功率循环供油量的各个位置时，所测得的速度特性称为部分速度特性。

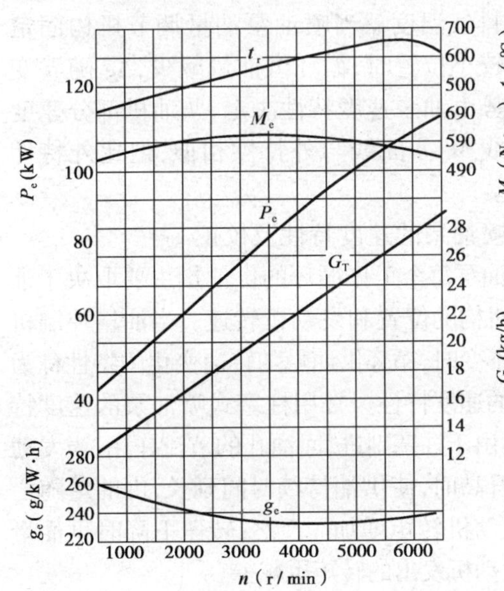

图 5-7　柴油机的外特性曲线

1. 外特性曲线分析

车用柴油机的外特性曲线，如图 5-7 所示。

1）M_e 曲线

柴油机的有效转矩 M_e 主要取决于每循环供油 Δg、指示热效率 η_i 和机械效率 η_m，它们之间关系为

$$M_e = K'_2 \eta_i \eta_m \Delta g$$

式中：K'_2——常数。

η_i、η_m、Δg 的变化如图 5-8 所示。每循环供油量 Δg 随柴油机转速变化的情况由喷油泵的速度特性决定。在没有油量校正装置时，Δg 随 n 的提高而逐渐增加。指示热效率 η_i 和机械效率 η_m 随转速的变化规律与汽油机基本相同，只是 η_i 变化较平坦。

汽油机在一定负荷下工作时，混合气的过量空气系数基本不变，每循环的供油量主要取决于循环供气量，所以每循环的供油量随转速的变化规律与充气效率一致，而柴油机每循环的供

油与充气效率无关。与汽油机相比，柴油机指示热效率 η_i 随转速的变化较平坦，而且在较高转速范围内，随转速的提高 Δg 增加，对 η_i 和 η_m 的下降有补偿作用，所以转矩 M_e 随 n 的变化也比汽油机相对平坦，转矩储备系数 u 比汽油机的小，只在5%～10%的范围。因此柴油机的转矩特性若不进行校正，一般很难满足工作要求。

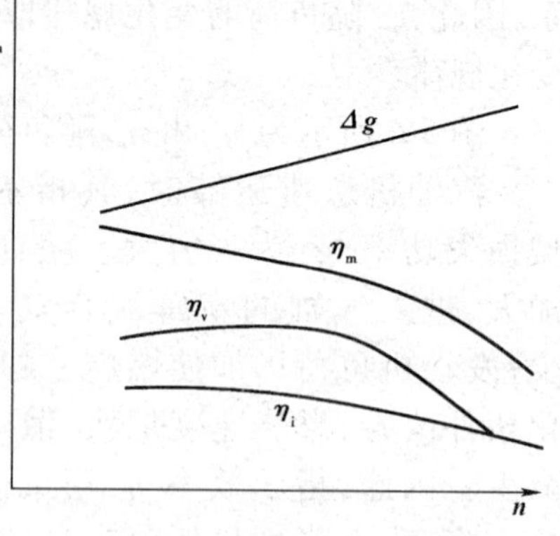

图5-8 柴油机 η_i、η_m、η_v、Δg 随 n 的变化

2）P_e 曲线

由于不同转速时 M_e 变化不大，在一定转速范围内，P_e 几乎随 n 的提高成正比增加。

柴油机的最高转速由调速器限制。如果调速器失灵，功率随转速增加仍然会继续增大。但当转速增大到某一数值时，由于循环供油量过多，会使燃烧严重恶化，η_i 迅速降低，同时 η_m 随 n 增加降低，导致有效功率下降，并出现排气严重冒黑烟现象。因此，车用柴油机的标定功率受冒烟界限的限制。

3）g_e 曲线

柴油机外特性的 g_e 变化趋势与汽油机的相似，也是一凹形曲线，由于 η_i 随 n 的变化比较平坦，使 g_e 曲线凹度较小；由于柴油机的压缩比高，其最低耗油率比汽油机的低20%～30%。

2. 部分负荷速度特性

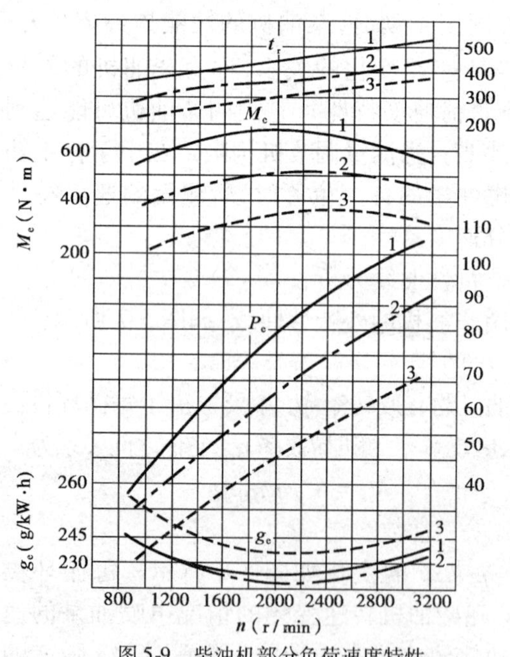

图5-9 柴油机部分负荷速度特性
1-90%负荷；2-75%负荷；3-55%负荷

图5-9为车用柴油机部分负荷速度特性，其中 t_r 为排气温度。当喷油泵油量调节机构固定在油量较小位置时，循环供油量减少，Δg 随 n 变化的趋势由油泵速度特性决定，柴油机部分速度特性曲线 M_e-n 曲线与外特性相似，但比外特性曲线低。

3. 喷油泵的速度特性及校正

喷油泵每个工作循环的供油量主要取决于油量控制机构的位置和发动机转速。当油量控制机构位置不变时，循环供油量随转速变化的特性称为喷油泵的速度特性。常用柱塞式喷油泵的速度特性表明，由于柱塞副进、回油孔的节流作用，当发动机转速升高时，使供油持续时间延长，供油量随之增加，发动机转矩增加。反之，转速下降时供油量减少，发动机发出的转矩也减少。

上述这种油泵速度特性不能满足汽车对柴油机转矩特性的要求。此外，由于发动机的充气效率随转速下降而提高，而供油量却随转速下降而减少。这种油泵速度特性必然造成低速时气缸中的空气将不能充分利用，不能输出较大转矩，其潜力得不到充分发挥。因此，必须改变喷油泵的速度特性，使油泵的速度特性与充气效率随转速变化的特性相一致。图5-10为按这种要求确定的油泵速度特性。在一定转速范围(一般由标定功率时的转速起,图中 BA 段),供油量应随转速的下降而较快的增加,以提高柴油机适应外界阻力变化的能力。为使柱塞式喷油泵的速度特性满足最佳喷油泵速度特性,常用出油阀校正和弹簧校正两种方法进行校正。

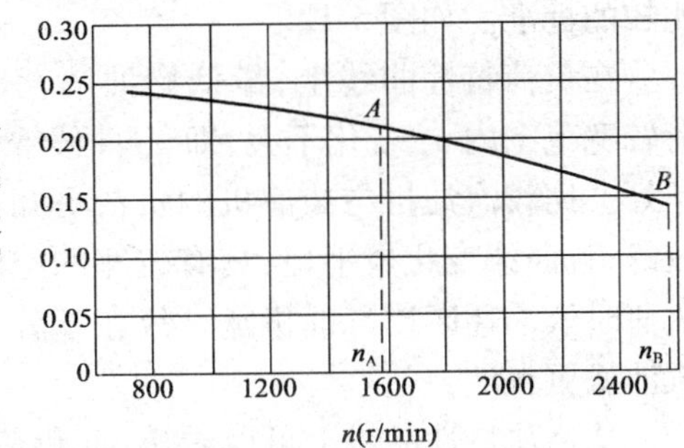

图 5-10　最佳喷油泵速度特性

二、柴油机负荷特性

柴油机保持某一转速不变,且喷油提前角、冷却水温度等保持最佳值的情况下,改变喷油泵齿条或拉杆位置,相应改变每循环供油量时,每小时耗油量 G_T、有效燃油消耗率 g_e 随有效功率 P_e(或有效转矩 M_e、或有效平均压力 P_e)而变化的关系称为柴油机负荷特性。

当柴油机转速一定时,充入气缸的空气量基本不变,调节负荷时只是改变每循环供油量,便改变了混合气浓度,此种负荷调节方式称为质调节。

图 5-11 所示为车用柴油机的负荷特性,其变化趋势与汽油机类似。

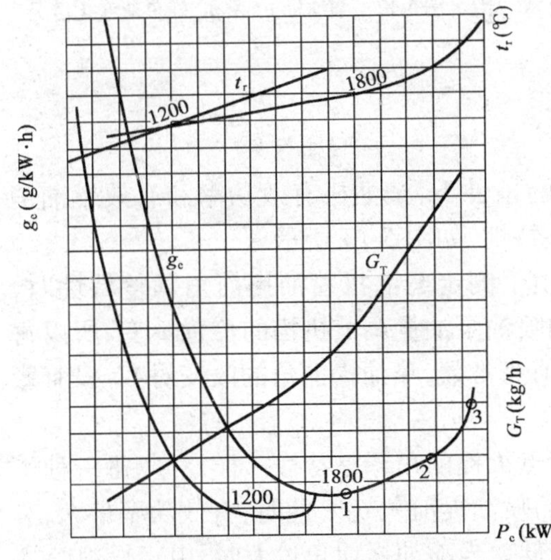

图 5-11　柴油机负荷特性曲线

1. G_T 曲线

转速一定时,柴油每小时燃油消耗量 G_T 主要取决于每循环供油量 Δg。当负荷小于 85% 时,由于 Δg 随负荷增加而增加,G_T 随之近似成正比增大;当负荷继续增大超过 85% 后,由于 Δg 随负荷增加过多,使混合气过浓,燃烧条件恶化,G_T 迅速增大,而有效功率增加缓慢,甚至下降。

2. g_e 曲线

g_e 同样与 η_i 和 η_m 的乘积成反比。柴油机 η_i、η_m 随负荷的变化关系如图 5-12 所示。柴油机负荷为零时,$\eta_m=0$,随着负荷增加,机械效率 η_m 增大,但增长速度逐渐减慢。随负荷增加,由于 Δg 增加,使混合气变浓,燃烧不完全,致使指示效率 η_i 逐渐下降,且负荷越大,η_i 下降速度越快。

综合 η_i 和 η_m 两方面的影响,g_e 曲线的变化规律是:怠速时,由于 $\eta_m=0$,g_e 趋于∞;在较小负荷范围内,随负荷增加,η_m 的增大速度比 η_i 的减小速度快,故 g_e 降低,直到某一中等负荷(图 5-11 中 1 点)时,η_i 和 η_m 的乘积最大,g_e 最小;在大负荷范围内,随负荷增加,η_m 的增大速度比 η_i 的减小速度慢,使 g_e 增加,负荷增加到图 5-11 中的 2 点时,由于混合气过浓,不完全燃烧显著增加,柴油机排气开始冒烟,随负荷增加,g_e 增加将越来越快;负荷增加到图 5-11 中的 3 点以后,负荷在继续增加,由于燃烧条件将极度恶化,g_e 仍继续增加,P_e 反而下降。

对应于图 5-11 中 2 点的循环供油量称为"冒烟界限"。超过该界限继续增加供油量时,柴油机将大量冒黑烟,污染环境,且容易使活塞及燃烧室积炭。由于补燃增加,也易使发动机过热而引起故障。为了保证柴油机的使用寿命及可靠工作,标定的循环供油量一般限制在冒烟界限以内。所以,非增压高速柴油机使用中的最大功率受到排放法规规定的烟度值所限制。由于车用柴油机工作时其转速经常变化,因此需要测定柴油机在不同转速下的负荷特性,以了解在各种不同转速下运行时最经济的负荷区。在柴油机性能调试过程中,常用负荷特性作为比较的标准。如图 5-12。

在负荷特性曲线上,最低燃油消耗率 g_{emin} 越小,在负荷较宽范围内 g_e 变化不大,即 g_e 曲线变化较平坦,经济性越好。比较汽油机与柴油机的负荷可知,柴油机的经济性较好,且曲线变化较平坦,具有较宽的经济负荷区域,部分负荷时低油耗区比汽油机宽。故在部分负荷下,柴油机比汽油机更省油。

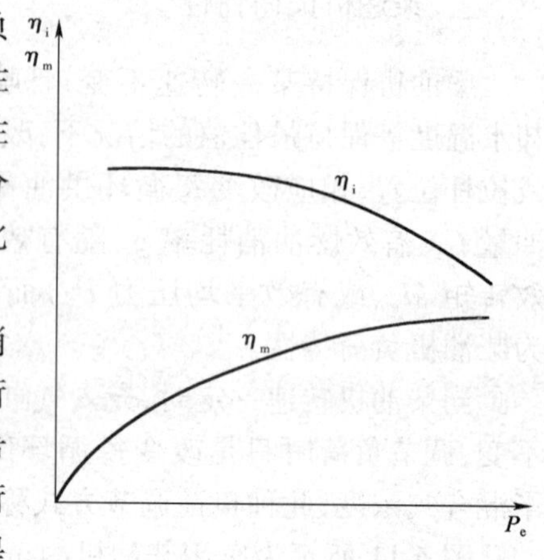

图 5-12　柴油机 η_i 和 η_m 随负荷变化情况

从负荷特性曲线上可以看出,低负荷区的有效燃油消耗率 g_e 较高。随负荷增加,g_e 值迅速降低,在接近全负荷时,g_e 达到最小值。因此,为了提高汽车的燃料经济性,希望发动机经常处于或接近耗油率低、负荷较大的经济负荷区运行,故选配发动机时应注意在满足动力性要求的前提下,不宜装置功率过大的发动机,以提高功率的利用率,提高燃料经济性。

三、柴油机喷油提前角调整特性

在柴油机转速和喷油泵油量调节机构位置不变的条件下,柴油机有效功率和有效燃油消耗率随喷油提前角的变化关系,称为喷油提前角调整特性,如图 5-13 所示。

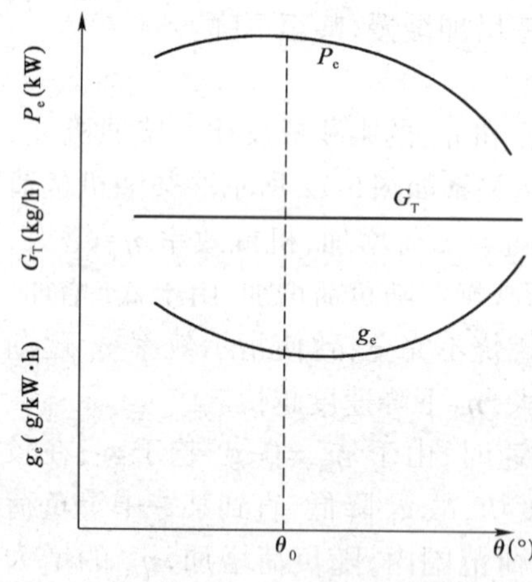

图 5-13　柴油机喷油提前角调整特性

由图可见:由于测定柴油机喷油提前角调整特性时,柴油机的转速和喷油泵油量调节机构的位置不变,所以每小时耗油量 G_T 值为常数,喷油提前角的改变对 G_T 没有影响。

与汽油机的点火提前角调整特性一样,对应每一种工况,均有一最佳的喷油提前角 θ_0。此时,有效功率最大,有效燃油消耗率最低。当喷油提前角过大时,由于燃料喷入至压力和温度都不高的气缸中与空气混合,着火延迟期增长,造成速燃期的压力升高率过大,导致柴油机工作粗暴,使 P_e 下降和 g_e 增加;当喷油提前角过小时,燃烧推迟到膨胀过程中进行,因而使压力升高率降低,最高压力大大降低,排气温度升高,热损失增加,热效率显著下降,也使 P_e 下降和 g_e 增加。

柴油机在一定负荷下以不同转速工作时,其最佳喷油提前角也是不同的。一般应随转速的提高适当增大喷油提前角。为满足上述要求,在传统的柴油机燃料供给系中,通常装有离心式喷油提前角调节装置。采用柴油机电控技术能根据柴油机转速和负荷的变化,及时并准确地控制喷油提前角,从而使柴油机的性能达到最佳。

四、柴油机的调速特性

如图 5-14 所示，比较汽油机与柴油机全负荷时的速度特性，由于柴油机的转矩曲线比汽油机转矩曲线平坦，转矩储备系数低，所以当阻力矩由 R_1 增大到 R_2，柴油机转速将从 n_1 降到 n_2（汽油机由 n'_1 降到 n_2），变化范围较大。因此，在实际使用中，柴油机如果没有调速装置，其转速很不稳定，怠速运转时极易熄火。为保持转速稳定，就必须人为地控制供油量来适应外界负荷变化，这不仅使驾驶员疲劳，而且恢复稳定较慢。此外，当柴油机突然卸去负荷时，由于 M_e 曲线平坦，转速将急剧上升，由喷油泵速度特性决定的循环供油量随 n 上升而增加，进一步使转速上升直至超过标定转速，易导致柴油机转速失去控制而发生飞车事故，造成机件损坏。

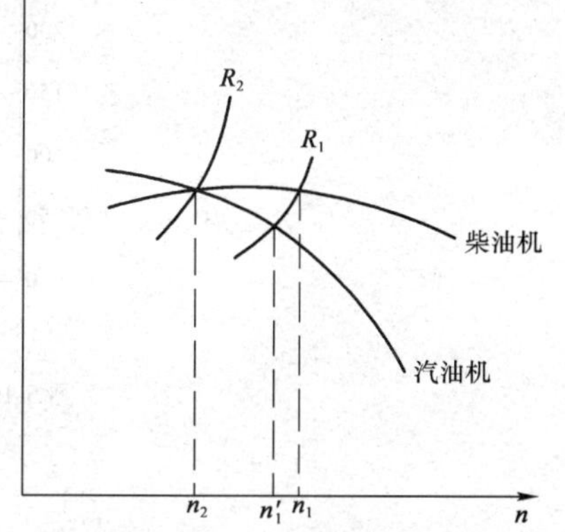

图 5-14　发动机工作稳定性比较

为保证柴油机的工作稳定性，防止高速飞车和怠速熄火，必须装置调速器。调速器可根据负荷变化自动调节喷油泵供油量，使柴油机在一定转速范围内稳定运转。调速器有全程式、两极式两种。柴油机的调速特性即指调速器起作用时，柴油机性能指标随转速或负荷变化的规律。

1. 全程式调速器的调速特性

柴油机装置全程式调速器后，在所有的转速范围内，调速器都能根据外界负荷的变化，通过转速感应元件自动调节喷油泵供油量，保证在驾驶员选定的任何转速下，使柴油机在极小的转速变化范围内稳定运转。在矿区、林区、大型建筑工地使用的车辆，所遇到的行驶阻力变化很大，这类车辆宜采用全程式调速器。

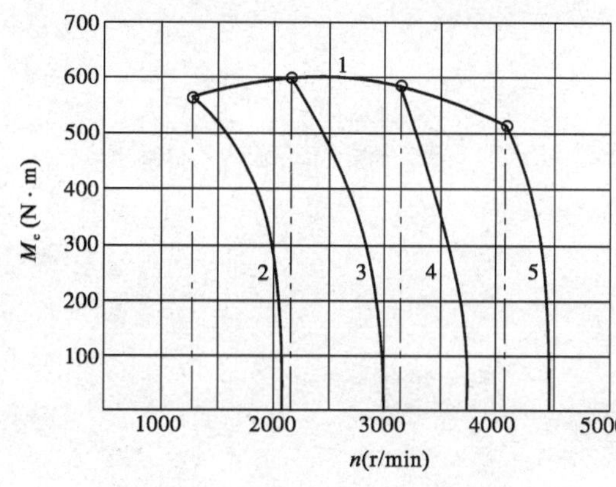

图 5-15　装有全程调速器的柴油机调速特性

1-外特性；2～5-不同负荷时的调速特性

装有全程式调速器的柴油机调速特性，如图 5-15 所示。当柴油机在某一工况下稳定运转时，若外界阻力矩减少，由于转速上升，调速器将带动供油量调节装置使供油量减少，柴油机输出有效转矩迅速减小；反之，若外界阻力矩增加时，由于转速下降，调速器使循环供油量增加，柴油机输出的有效转矩迅速增加。可见，由于调速器的作用，使柴油机在较小的转速变化范围内，有效转矩可从零变化到最大值或从最大值变化到零，从根本上改善了柴油机的转矩特性，它不仅能使柴油机保持怠速稳定和限制最高转速，而且可使柴油机在任意转速下保持稳定运转。

2. 两极式调速器的调速特性

两极式调速器只在柴油机最低转速和最高转速时起作用，以防止怠速熄火和高速飞车。中间转速由驾驶员根据需要直接操纵油量调节机构。

装有两极式调速器的柴油机调速特性，如图 5-16 所示。由图可见，只有在最低转速和最高转速附近两个很小的转速范围内，在调速器的作用下，使柴油机的转矩曲线产生急剧变化；在中间转速范围内，调速器不起作用，转矩曲线按速度特性变化。

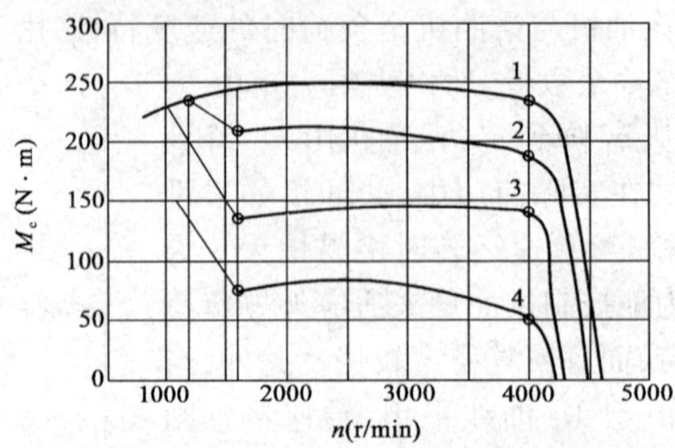

图 5-16　装有两极式调速器的柴油机调速特性
1 ~4-不同负荷时的调速特性

单元六　汽车的动力性

汽车动力性是指汽车在良好路面上直线行驶时，由汽车受到的纵向外力决定的、所能达到的平均速度的高低，它表示了汽车完成运输任务迅速程度的能力。汽车的动力性是汽车使川性能中最基本、最重要的性能。汽车动力性越好，则汽车越能有效提高平均行驶速度和运输效率。本单元将从分析汽车行驶时的受力出发，建立行驶方程式；按动力性评价指标的要求确定汽车的动力性；分析影响动力性的主要因素。

课题一　作用于汽车的各种外力

一、汽车的驱动

汽车的运动依靠发动机运转并向外输出转矩，该转矩经汽车传动系传递至汽车驱动轮使之转动；随着驱动轮的转动，则驱动轮的周缘对地面产生一个周缘力 F_0，而地面对驱动轮产生一个与周缘力大小相等、方向相反的反作用力 F_t，如图 6-1 所示。驱动轮在 F_t 的作用下，按 F_t 作用力的方向前进，从而促使汽车运动。

二、汽车的驱动力

汽车在运动时所产生的用于克服汽车外界阻力的作用力，称为汽车的驱动力。如图 6-1 所示，汽车在行驶时，实质上是利用地面对驱动轮周缘力 F_0 所产生的反作用力 F_t，去克服汽车所受到的各种阻力的，则该反作用力 F_t 即为汽车的驱动力。驱动力 F_t 的计算公式如下

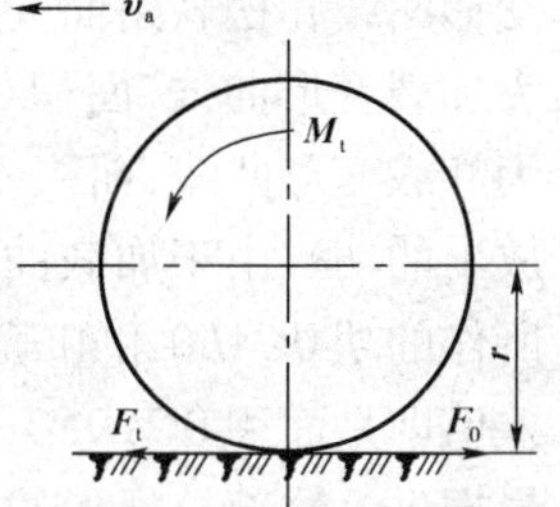

图 6-1　汽车的驱动力

$$F_t = -F_0 = \frac{T_t}{r}(\mathrm{N})$$

式中：T_t——作用于驱动轮上的转矩，N · m；

r——车轮半径，m。

若汽车发动机的输出转矩为 M_e，则 T_t 的计算公式如下：

$$T_t = M_e i_g i_0 \eta_T (\mathrm{N \cdot m})$$

式中：i_g——变速器传动比；

i_0——主减速器传动比；

η_T——传动系的机械效率。

若汽车上装有分动器、轮边减速器、液力传动等装置，则在 T_t 的计算中应计入相应的传动比和机械效率。

若汽车发动机驱动功率为 P_e(kW),运转的转速为 n(r/min),则发动机输出转矩 M_e 的计算公式如下

$$M_e = 9550P_e/n(\mathrm{N \cdot m})$$

因此,驱动力的计算公式为

$$F_t = M_e i_g i_0 \eta_T / r = 9550 P_e i_g i_0 \eta_T / nr(\mathrm{N})$$

三、汽车的行驶阻力

汽车在行驶时所遇到的与驱动力方向相反的各种阻力的总和,称为汽车的行驶阻力。汽车在行驶过程中,会受到滚动阻力 F_f、空气阻力 F_w、加速阻力 F_j、坡道阻力 F_i 等四种阻力的作用,所以汽车行驶总阻力为

$$\sum F = F_f + F_w + F_j + F_i$$

其中滚动阻力和空气阻力在任何运行状态下均存在;而坡道阻力只在汽车处于坡道路面行驶时存在,加速阻力只在汽车处于变速运行状态时存在。因此,汽车在水平路面上等速行驶时,是没有坡道阻力和加速阻力的。

1.滚动阻力

滚动阻力是指汽车车轮在路面上滚动所引起的阻力的总称,通常用 F_f 表示。

汽车在行驶时,车轮在地面上的滚动会在轮胎与地面的接触区域产生法向和切向的相互作用力,而使相应的轮胎及其支撑路面发生变形,轮胎与地面的相对刚度决定了变形的特点。当轮胎在硬支撑路面(如混凝土路、沥青路面等)上滚动时,轮胎的弹性变形是主要的;而当车轮在松软路面(如土路、沙石路面等)上滚动时,则路面的塑性变形是主要的。车轮在地面上滚动所产生的轮胎变形或者路面变形,其在变形过程中必然伴随着一定能量的损失。这些能量的损失正是车轮在地面滚动时产生滚动阻力的根本原因。

图6-2、图6-3分别表示轮胎在硬支撑路面受径向载荷时的变形曲线和松软路面受到压力后的变形曲线。图6-2中的0*CA*为加载变形曲线,面积0*CAB*0为加载过程中对轮胎做的功;*ADE*为卸载变形曲线,面积*ADEBA*为卸载过程中轮胎恢复变形时释放出的功。由于加载曲线和卸载曲线并不重合,加载时对轮胎所作的功0*CAB*0和卸载时轮胎释放的功*ADEBA*不相等,存在的差值即是面积0*CADE*0,这就是轮胎在加载和卸载时所产生的能量损失。这部分损失的能量消耗在轮胎各组成部分相互间的摩擦以及橡胶、帘线等物质的分子之间的摩擦,最后转化为热量而消失在大气中。这种能量损失称为弹性轮胎的迟滞损失。图6-3中0*CA*为土壤受挤压时的变形曲线,面积0*CAB*0为挤压时对土壤所作的功;*ADE*为土壤卸压时的变形曲线,面积*ADEBA*为土壤卸压时所释放的功,面积0*CAB*0和面积*ADEBA*之间的差值很大,说明土壤在变形过程中能量损失很大,这部分能量被消耗在土壤微粒之间的摩擦上,只有很少一部分能够被回收(即图6-3中的*ABE*)。

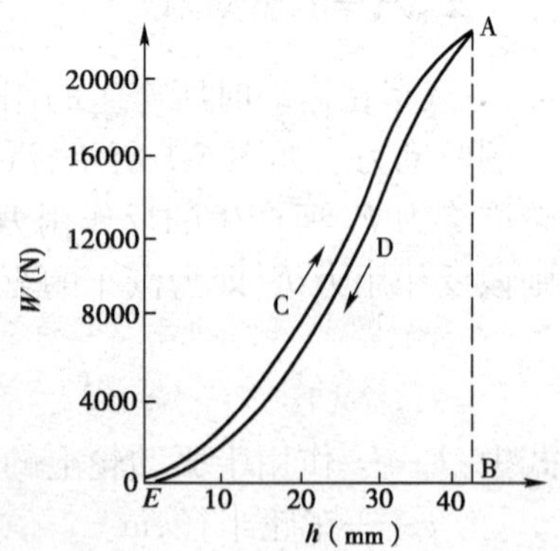

图6-2 9.00~20轮胎的径向变形曲线

下面我们以轮胎在路面上的滚动情况进一步分析车轮的滚动阻力。

1)弹性轮胎在硬支撑路面上滚动时的受力分析

如图 6-4a）所示，车轮对路面的压力 W 沿铅垂方向向下。当车轮不滚动时，地面对车轮的法向反作用力的分布是前后对称的，其合力 F_Z 与 W 大小相等，且作用于同一条直线上；如图 6-4b）所示，当车轮滚动时，由于轮胎的弹性迟滞现象，轮胎处于压缩过程的前部的地面法向反作用会大于处于恢复过程的后部的地面法向反作用力，它们的合力 F_Z 则向前移动了一段距离 a，此时车轮上就产生了滚动阻力偶矩 T_f（$T_f = F_Z \cdot a$），阻碍车轮的滚动。

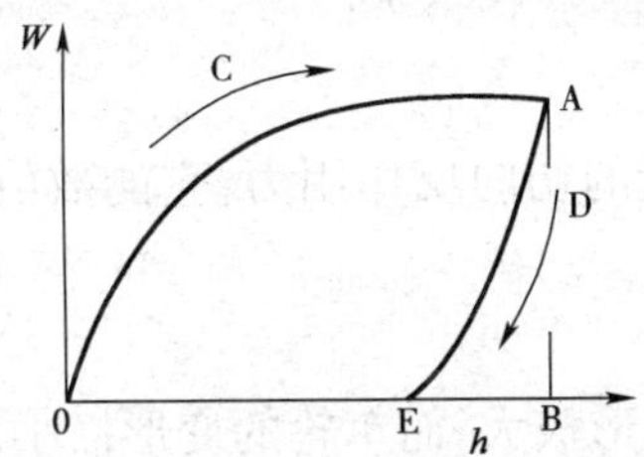

图 6-3　土壤的压挤变形曲线

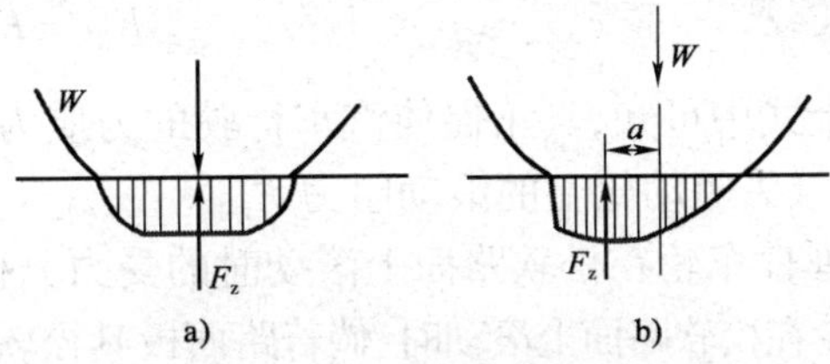

图 6-4　路面对车轮反作用力的分布

a）车轮不动时；b）车轮滚动时

图 6-5a）为从动轮在硬路面上滚动时的受力情况。F_z 相对于法线 $n-n'$ 向前移了一个距离 a，它随弹性迟滞损失的增大而变大。F_z 与法向载荷 W 大小相等，方向相反。

如果将法向反作用力 F_z 平移至与通过车轮中心的垂线重合，则从动轮在硬路面上滚动时的受力情况可画成图 6-5b）所示的形式。

由图 6-5 可知，欲使从动轮在硬支撑路面上等速滚动，必须在车轮上施加一个推力 F_{p1}，与地面的切向反作用力 F_{X1} 构成一个力偶矩用以克服上述滚动阻力偶矩 T_f。由平衡条件可得

$$F_{p1} \cdot r_k = T_f$$

则

$$F_{p1} = \frac{T_f}{r_k} = F_Z \frac{a}{r_k}$$

若令 $f = \dfrac{a}{r_k}$，而 $F_Z = W$，则

$$f = F_{p1}/W$$

式中：f——滚动阻力系数；

r_k——轮胎变形后的滚动半径。

可见，滚动阻力系数是车轮在一定条件下滚动时所需的推力与车轮载荷之比，即单位汽车重力所需的推力。换言之，滚动阻力等于车轮载荷与车轮滚动阻力系数的乘积，即

$$F_f = Wf$$

因此，我们在分析行驶阻力时，只要知道车轮的滚动阻力系数 f，即可求得车轮的滚动阻力，而不必具体分析车轮滚动时所受的阻力偶矩（此时的滚动阻力只是一个数值，无法在受力图上画出来）。

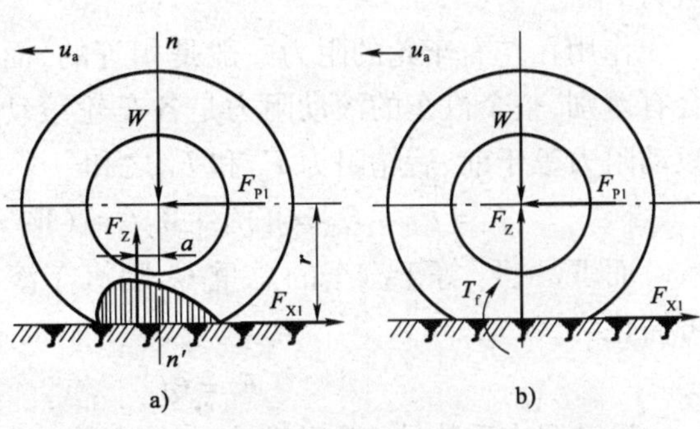

图 6-5　从动轮在硬路面上滚动时的受力情况

图 6-6 为驱动轮在硬支撑路面上等速滚动时的受力图,图中 F_{X2} 为驱动力矩 T_t 所引起的道路对车轮的切向反作用力;F_{X2} 为驱动轴作用于车轮上的水平力。地面对轮胎的法向反作用力 F_Z,同样也由于轮胎的迟滞现象而向前移动了一个距离 a,在驱动轮上作用有一个滚动阻力偶矩 T_f。由平衡条件可得

$$F_{X2} \cdot r = T_t - T_f$$

$$F_{X2} = F_t - F_f$$

从上式中可知,真正促使汽车行驶的力应为地面对车轮的切向反作用力,它的数值等于驱动力 F_t 减去驱动轮上的滚动阻力 F_f。

2)弹性车轮在松软路面上滚动时的受力分析

车轮在松软路面上滚动时,倘若路面极其松软导致路面变形极大,而车轮的变形极小,与路面的变形量相差很悬殊,即类似刚性车轮在松软路面上滚动的情况,如图 6-7 所示。此时,地面对车轮的反作用力 R 垂直于支撑面并沿车轮半径指向车轮中心,该反作用力 R 可分解为垂直分力 R′和水平分力 F_f。F_f 即为滚动阻力,其滚动阻力矩等于零。车轮陷入路面越深,则滚动阻力越大。

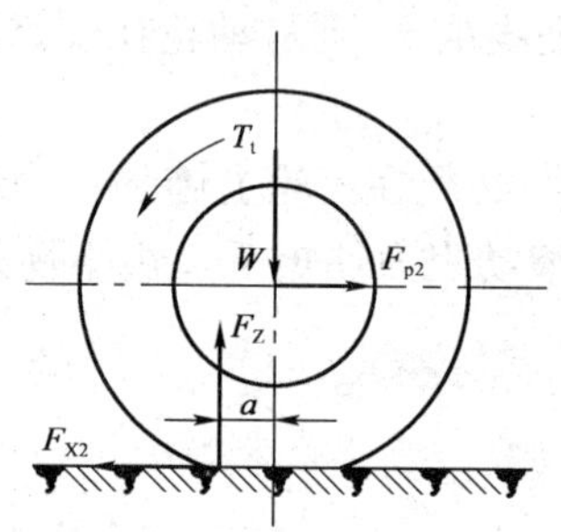

图 6-6　驱动轮在硬路面上滚动时的受力图

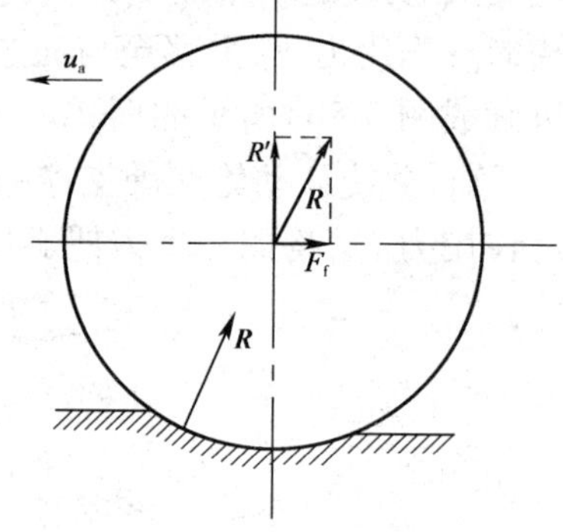

图 6-7　刚性轮在软路面上的滚动

车轮在松软路面上滚动时,车轮的变形与路面的变形在量上不很悬殊的受力情况,如图 6-8 所示。此时,地面对车轮的反作用力 R 不再指向车轮中心,而是沿作用线与车轮的水平直径相交,并分解为垂直分力 R''和水平分力 F_f,则车轮上作用有滚动阻力矩 $M_f = R'' \cdot a$ 及滚动阻力 F_f。

作用在左右车轮的阻力一般是相等的,而前后的阻力则彼此会有差别,整个汽车的滚动阻力是各车轮滚动阻力之和,即,总的滚动阻力等于前、后轮阻力 F_{f1} 和 F_{f2}之和

$$F_f = F_{f1} + F_{f2} = W_1 f_1 + W_2 f_2 \approx (W_1 + W_2) f$$

而 $W_1 + W_2$ 等于汽车的总重 G,则汽车滚动阻力的计算公式可简化为

$$F_f = Gf$$

图 6-8　弹性车轮在软路面上的滚动

滚动阻力系数是由实验确定的,它的大小与轮胎的结构、材质、充气压力以及路面状况、汽车行驶速度等因素有关。表 6-1 所示,

为汽车以 50km/h 速度行驶在不同路面时的滚动阻力系数。

滚动阻力系数值　　表 6-1

路面类型	滚动阻力系数	路面类型	滚动阻力系数
良好的沥青或混凝土路面	0.010～0.018	压紧土路(雨后的)	0.050～0.150
一般的沥青或混凝土路面	0.018～0.020	泥泞土路(雨季或解冻期)	0.100～0.250
碎石路面	0.020～0.025	干砂路面	0.100～0.300
良好的卵石路面	0.025～0.030	湿砂	0.060～0.150
坑洼的卵石路面	0.035～0.050	结冰路面	0.015～0.030
压紧土路(干燥的)	0.025～0.035	压紧的雪道	0.030～0.050

2. 空气阻力

汽车在空气中运动,而空气本身也有运动,两者综合形成的相对运动,会使空气对汽车的行驶产生作用力。我们将空气作用力在汽车行驶方向上的分力称为空气阻力,通常用 F_w 表示。

空气阻力分为摩擦阻力和压力阻力两大部分。摩擦阻力是由于空气的黏滞性使车身表面产生切向合力在汽车行驶方向上的分力;压力阻力是空气作用于汽车外表面上的法向压力的合力在行驶方向上的分力。压力阻力又分为四部分,即形状阻力、干扰阻力、内循环阻力和诱导阻力。

汽车在行驶时,汽车前方的空气流被挤紧,产生对抗汽车前进的正压,损耗的机械能量转变为气体的内能;而同时车身后部空气变得稀薄而引起涡流,产生将汽车吸住的负压,损耗的机械能量转变为气流的动能。这种在汽车前后所产生的压力差便形成了压力阻力,它与车身的形状有着很大的关系。其中,形状阻力占压力阻力的大部分,汽车的流线型越好,则形状阻力越小;干扰阻力是车辆行驶时车身表面的突起物,如后视镜、门把手、车灯、悬架导向杆、车轴等引起的阻力;内循环阻力也称内部阻力,是指冷却发动机、车内通风等空气流经车体内部时所形成的阻力;诱导阻力是指汽车在行驶时产生的空气升力在行驶方向上的分力。图 6-9 所示为空气环绕汽车流过的情况。图 6-10 所示为车身外形的变化对空气阻力的影响。

图 6-9　空气环绕汽车流过的情况

在一般轿车上，上述几部分阻力的大致比例为：形状阻力占58%，干扰阻力占14%，内循环阻力占12%，诱导阻力占7%，摩擦阻力占9%。但不同车型在不同行驶状态时的各种阻力变化也是有所变化的，而且是不易明显区分的。

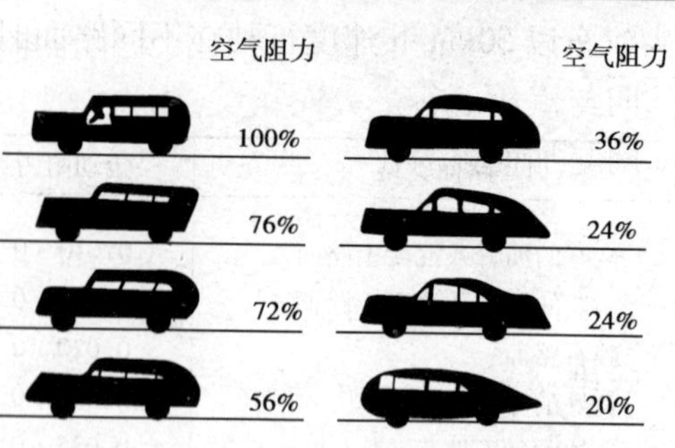

图6-10　车身外形变化对空气阻力的影响

试验表明，空气阻力 F_w 的数值与汽车正投影面积（或称迎风面积）以及汽车与空气的相对速度的平方成正比，此外，空气阻力还与汽车外部轮廓形状和表面质量有关。当汽车在无风的条件下行驶，空气阻力 F_w 可用下式表示

$$F_w = \frac{C_D A v^2}{21.15}(\mathrm{N})$$

式中：C_D——空气阻力系数；

A——汽车迎风面积，m^2；

v——汽车行驶速度，km/h。

现代汽车的行驶速度越来越高，欲要降低空气阻力给汽车行驶所造成的功率损失，应在汽车的设计和使用中，尽可能降低空气阻力系数 C_D 和迎风面积 A。而 A 值往往因受到乘坐和容纳货物空间的限制不易进一步减少。因此从现代汽车的发展趋势来看，降低空气阻力系数 C_D 是降低空气阻力的主要手段。20世纪50年代至70年代初，轿车的 C_D 值维持在0.4～0.6之间，发展到现在，很多轿车的 C_D 值已降低到了0.3或更低。

如图6-11所示，为现代轿车低 C_D 值车身的一些特点。如图6-12所示，为货车加装导流罩以减小空气阻力系数的车身结构变化。

3. 加速阻力

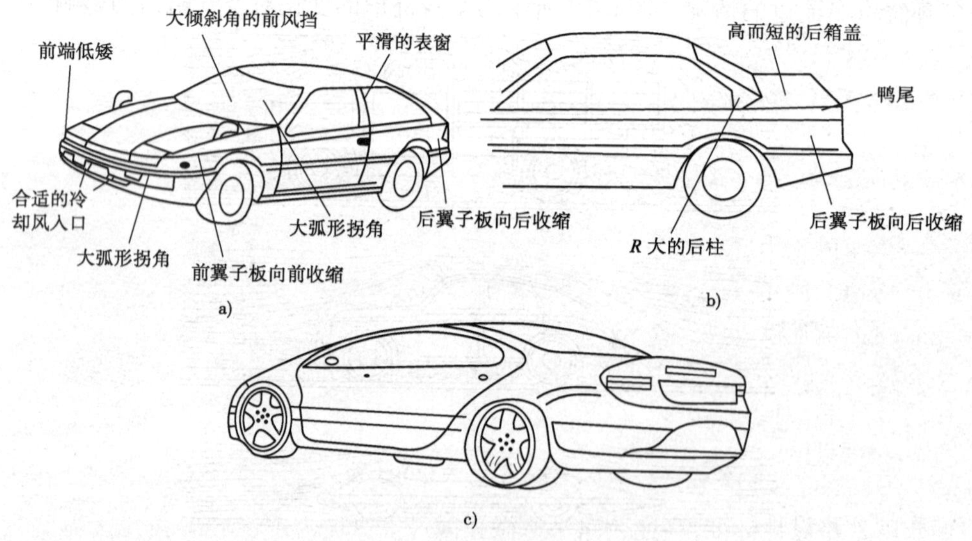

图6-11　低 C_D 值车身的一些特点

汽车在行驶时速度发生变化，必然会产生惯性作用。当汽车加速时，产生的惯性力作用方向与汽车的行进方向相反，称为加速阻力，通常用 F_j 表示；减速时则产生惯性助力，作用力方向与加速阻力相反，通常取其值为负值。

汽车加速阻力可用下式计算

$$F_j = \delta \frac{G}{g} \cdot \frac{du}{dt}(N)$$

式中：δ——汽车旋转质量换算系数，$\delta > 1$；

G——汽车的重力，N；

g——重力加速度，m/s^2；

$\frac{du}{dt}$——汽车行驶加速度，m/s^2。

其中，汽车旋转质量换算系数主要与汽车飞轮、离合器、车轮等部件的转动惯量以及汽车传动系的传动比有关。

4. 坡道阻力

汽车在上坡行驶时，汽车重力沿坡道的分力与汽车行进的方向相反，该分力称为上坡阻力，通常用 F_i 表示；下坡时，汽车重力沿坡道的分力与汽车行进的方向相同，形成了下坡阻力，通常取其值为负值。

如图 6-13 所示，坡道阻力可用下式表示：

图 6-12　货车、半挂车在驾驶室上部装有导流板

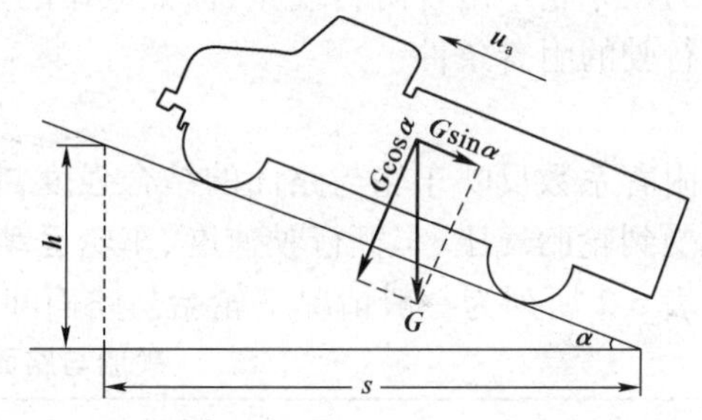

图 6-13　坡道阻力

$$F_i = G\sin\alpha = mg\sin\alpha(N)$$

式中：G——汽车的重力，N；

α——坡道的倾角，(°)；

g——重力加速度，m/s^2。

路面纵向斜坡的陡缓程度用道路坡度 i 表示。道路坡度 i 是指以坡的垂直高度与其水平长度之比的百分率，则

$$i = \frac{h}{s} \times 100\% = \tan\alpha(\%)$$

根据我国公路设计标准，高速公路平原微丘区最大纵坡为 3%，山岭重丘区为 5%；四级公路平原微丘区为 6%，山岭重丘区为 9%（约 5.14°）。一般在公路上极少有坡度超过 15% 的，而当 $\alpha < 10° \sim 15°$ 时

$$\sin\alpha \approx \tan\alpha \approx i$$

则坡道阻力 F_i 可表示为汽车重力与坡度值的乘积，即

$$F_i \approx Gi$$

应值得注意的是，该计算方式只适用于坡度值较小的情形（即 $\alpha < 10° \sim 15°$ 时），否则将导致计算误差过大。

四、汽车的附着力

理论和实践证明，汽车动力性能不仅受到汽车驱动力的限制，而且还受到轮胎与路面附着条件的限制。

所谓附着力，是指车轮未受到侧向力影响的条件下，轮胎与地面尚能保持无相对位移（无滑移）时的路面对轮胎的切向反作用力的极限值，通常用 F_φ 表示。附着力表示轮胎与路面的结合强度。在硬支撑路面上，这种结合强度取决于轮胎与地面间的摩擦作用；在松软路面上，这种结合强度不但取决于轮胎和地面间的摩擦作用，也受到土壤抗剪切强度的影响。

汽车的附着力取决于轮胎与路面的附着系数以及地面对驱动轮的法向反作用力的大小。在硬支撑路面上，它与驱动轮的法向反作用力成正比，即

$$F_\varphi = F_z \cdot \varphi \text{(N)}$$

式中：F_z——地面对驱动轮的法向反作用力；

φ——轮胎与地面的附着系数。

为使车轮不出现滑转现象，保证汽车的正常行驶，驱动力不能大于附着力，即应满足下列汽车行驶的附着条件

$$F_t \leqslant F_\varphi$$

附着系数反映车轮与路面的结合强度，它主要取决于轮胎的结构及路面的种类和状况，同时也受到轮胎气压、车辆行驶速度、车轮运动状况等因素的影响。

表 6-2 所列为一般情况下轮胎与路面间的附着系数。

轮胎与路面间的附着系数表 表 6-2

路面类型	路面状况	高压轮胎	普通轮胎	越野轮胎
沥青或混凝土路面	干 燥	0.50 ~ 0.70	0.70 ~ 0.80	0.70 ~ 0.80
	潮 湿	0.35 ~ 0.45	0.45 ~ 0.55	0.50 ~ 0.60
	污 染	0.25 ~ 0.45	0.25 ~ 0.40	0.25 ~ 0.45
卵石路面	干 燥	0.40 ~ 0.50	0.50 ~ 0.55	0.60 ~ 0.70
碎石路面	干 燥	0.50 ~ 0.60	0.60 ~ 0.70	0.60 ~ 0.70
	潮 湿	0.30 ~ 0.40	0.40 ~ 0.50	0.40 ~ 0.55
土路	干 燥	0.40 ~ 0.50	0.50 ~ 0.60	0.50 ~ 0.60
	潮 湿	0.20 ~ 0.40	0.30 ~ 0.40	0.35 ~ 0.50
	泥 泞	0.15 ~ 0.25	0.15 ~ 0.25	0.20 ~ 0.30
沙质荒地	干 燥	0.20 ~ 0.30	0.22 ~ 0.40	0.20 ~ 0.30
	潮 湿	0.35 ~ 0.40	0.40 ~ 0.50	0.40 ~ 0.50
黏土荒地	干 燥	0.40 ~ 0.50	0.45 ~ 0.55	0.40 ~ 0.50
	湿 润	0.20 ~ 0.40	0.25 ~ 0.40	0.30 ~ 0.45
	稀 湿	0.15 ~ 0.20	0.15 ~ 0.25	0.15 ~ 0.25
积雪荒地	松 软	0.20 ~ 0.30	0.20 ~ 0.40	0.20 ~ 0.40
	压 实	0.15 ~ 0.20	0.20 ~ 0.25	0.30 ~ 0.50
结冰路面	气温在零下	0.08 ~ 0.15	0.10 ~ 0.20	0.05 ~ 0.10

课题二　汽车的动力性

一、汽车动力性的评价指标

汽车动力性反映汽车在各种行驶条件下能达到最高平均行驶速度的能力。因此从获得尽可能高的平均行驶速度的观点出发，汽车的动力性主要有 3 个评价指标：①汽车的最高车速 V_{amax}，单位 km/h；②汽车的加速时间 t，单位为 s；③汽车的最大爬坡度 i_{max}，单位%。

1. 汽车的最高车速

汽车的最高车速是指汽车在良好平直路面（干燥的混凝土或沥青路面）上满载（不拖带挂车）行驶时所能达到的最高行驶速度。经常在良好公路上行驶的汽车，常以汽车最高车速作为衡量其动力性的主要指标。

2. 汽车的加速时间

汽车的加速时间是指提高汽车行驶速度达到指定水平的加速过程所需的时间。汽车的加速时间表示汽车的加速能力。汽车的加速能力越强，则其加速时间越短。汽车加速时间对汽车的平均行驶车速有很大的影响。通常用原地起步加速时间和超车加速时间来表明汽车的加速能力。加速能力是评价轿车性能的一个重要参数，因此轿车对加速时间尤为重视。

原地加速时间，是指汽车由 I 挡或 II 挡起步，并以最大的加速强度（包括选择恰当的换挡时机）逐步换至最高挡后，到达某一预定距离或某一预定的速度所需的行驶时间。一般常用 0→402.5m（0→1/4 mile）或 0→400m 所需的行驶时间来表明汽车的原地起步加速能力；也有用 0→96.6 km/h（0→60 mile/h）或 0→100km/h 所需的行驶时间来表明汽车的原地起步加速能力的。

超车加速时间，是指汽车变速器处于最高挡或次高挡时，由某一较低车速全力加速至某一高速所需的时间。目前对于超车加速能力还没有一致的规定，采用较多的是用最高挡或次高挡由 30km/h 或 40km/h 全力加速至某一高速所需的时间。超车加速时间对于行车安全有很大影响，因为超车时超越车与被超越车两车并行容易发生安全事故，若超越车的加速能力强，超车加速时间短，则两车并行的行程就短，发生安全事故的几率也就会降低，利于提高行车的安全性。

如图 6-14 所示，是轿车的原地起步加速过程曲线即车速-时间关系曲线，它可全面反映汽车的加速能力。

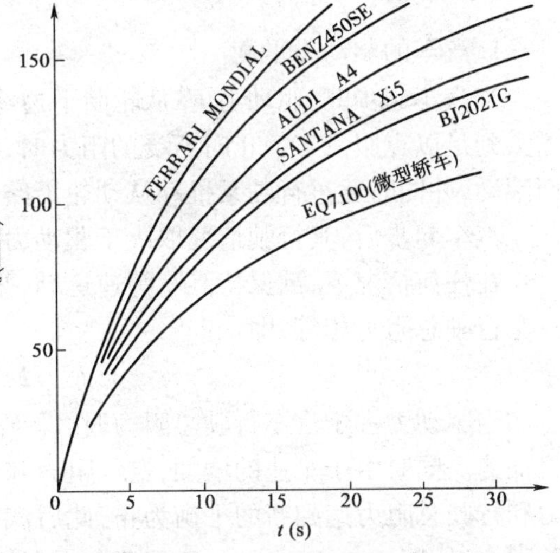

图 6-14　轿车的原地起步加速过程曲线

3. 汽车的最大爬坡度

汽车的最大爬坡度是指汽车满载（或某一载质量）以最低挡位在良好路面上行驶所能爬上的最大坡度，它反映汽车的爬坡能力。由于轿车的最高车速大，加速时间短，经常在较好的道路上行驶，一般不强调它的爬坡能力，但由于它的Ⅰ挡加速能力大，故爬坡能力也强。而货车需在各种地区的各种道路上行驶，且比功率较小，尤其在满载的情况下功率储备不大，所以必须具有足够的爬坡能力。一般它的最大爬坡度在30%即16.7°左右。越野车须在坏路或无路条件下也能行驶，因而也必须具备很强的爬坡能力。一般它的最大爬坡度可达60%即31°左右。

汽车的最大爬坡度 i_{max} 代表了汽车的极限爬坡能力，它比实际行驶中遇到的道路最大爬坡度超出很多。这主要是由于考虑到在实际坡道行驶时，在坡道上停车后能顺利起步加速，克服松软坡道路面的大阻力，克服坡道上崎岖不平路面的局部大阻力等要求的缘故。

汽车的最高车速 V_{amax}、汽车的加速时间 t、汽车的最大爬坡度 i_{max} 等评价指标均是在无风的条件下实验确定的。

表6-3为现代常见轿车的最高车速和加速时间。

现代轿车的最高车速和加速时间　　表6-3

车　型	最高车速（km/h）	0→100km/h 的加速时间（s）
夏利2000	>170	≤15
宝来1.8L-MT	206	11.1
波罗 ALi	≥170	14.8
赛欧 SL	170	12.7（手动挡） 13.3（自动挡）
神龙富康988EX	≥175	≤15.3
奥迪 A4-3.0	245	6.9
别克 GL8	168	16

二、汽车的驱动平衡

1. 汽车的驱动力平衡

当汽车起步时，驱动力 F_t 从轮胎下边缘传给汽车车轴，力图使车轴向前移动。当驱动力增大到足以克服汽车静止时所受的阻力时，驱动轮的车轴则开始向前移动，此时驱动轮即沿路面滚动，并同时通过行驶系推动从动轮沿路面滚动，从而使汽车起步。

汽车起步后，其行驶情况取决于驱动力与行驶总阻力之间的关系。

在任何情况下，欲保持汽车等速运动，驱动力则用于克服汽车的行驶总阻力，且驱动力与汽车行驶总阻力相等，即

$$F_t = F_f + F_w + F_j + F_i$$

当驱动力大于汽车行驶总阻力时，即 $F_t > F_f + F_w + F_j + F_i$ 时，汽车将加速行驶，其动能也将加速。同时由于车速的增加，空气阻力和行驶总阻力也急剧增加，汽车速度只能增大到驱动力和行驶总阻力达到新的平衡为止，此后汽车便以较高的速度等速行驶。当驱动力小于行驶总阻力时，即 $F_t < F_f + F_w + F_j + F_i$ 时，汽车将减速行驶，其动能也随之降低。由于车速的降低，空气阻力和行驶总阻力也将随之减小，车速减小到驱动力和行驶总阻力达到又一个新的平

衡为止,此时汽车则以较低的速度等速行驶。倘若随车速的降低,驱动力始终不能与降低的行驶总阻力达到新的平衡,则汽车将减速至停车为止。因此,汽车在行驶中无论处于何种运动状态,驱动力与行驶总阻力最终必然会趋于一种平衡状态,上述所表示驱动力在行驶阻力中分配的公式

$$F_t = F_f + F_w + F_j + F_i$$

称为汽车的驱动力平衡方程式。

为了清晰而形象地表明汽车行驶时的受力情况及其平衡关系,一般将汽车驱动力平衡方程式用图解法来进行分析。如图6-15所示,在汽车驱动力图上把汽车行驶中始终存在的滚动阻力和空气阻力之和以同样比例画在坐标上,便成了汽车驱动力-行驶阻力平衡图,它反映驱动力 F_t 和行驶常阻力($F_f + F_w$)随汽车行驶速度变化而变化的关系。利用汽车驱动力-行驶阻力平衡图,可以对汽车的动力性进行分析。

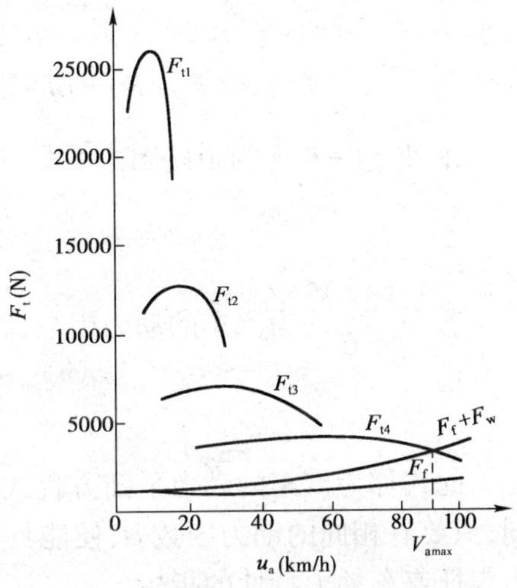

图6-15 汽车驱动力-行驶阻力平衡图

图6-15为某一具有四挡变速器汽车的驱动力平衡图。图中既有各档的驱动力 F_t 曲线,又有相关参数(汽车重力 G、滚动阻力系数 f、空气阻力系数 C_D 和迎风面积 A)所决定的汽车行驶常阻力($F_f + F_w$)曲线。驱动力与阻力之间的差值通常称为汽车的剩余驱动力,可以用来使汽车加速、爬坡或牵引挂车。

从汽车的驱动力平衡方程式可知,汽车达到最高车速时,加速阻力 F_j 和坡道阻力 F_i 应为零,则 $F_t = F_f + F_w$。对照汽车驱动力-行驶阻力平衡图,驱动力曲线和行驶阻力曲线必然出现交点,该交点所对应的车速为该档位的最高车速。

在图6-15中该车处于最高挡位(四挡)的 F_{t4} 曲线与阻力($F_f + F_w$)曲线的交点(即驱动力平衡点)所对应的速度便是该车的最高车速 V_{amax}。若汽车在水平路面上的实际车速还未达到 V_{amax},此时驱动力大于行驶阻力,则汽车仍可加速至 V_{amax};若车速已经超过 V_{amax},由于此时驱动力已小于行驶阻力,则汽车必然会减速至 V_{amax},所以汽车的最高车速 V_{amax} 只能是一个稳定值。汽车在某一速度行驶时,其相对应的驱动力与阻力的差值越大,则汽车的剩余牵引力越大,那么汽车能产生的加速度也就越大,能用于克服坡道阻力的潜力也越大,换言之,汽车的储备动力越大。从图6-15可看出,汽车在驱动力平衡点前某一速度行驶时,处于低挡位时所出现的剩余牵引力要比处于高挡位时的剩余牵引力大。因此汽车低挡位的加速能力和爬坡能力相对较强,在I挡时的加速和爬坡能力最强。驾驶员常利用I挡使汽车能迅速起步加速或用于爬越较陡坡道也正是合理运用了汽车的动力性能。

2. 汽车的动力平衡

利用驱动力-行驶阻力平衡图,可以确定汽车的最高车速、加速能力和爬坡能力,即分析汽车的动力性,但不能用来直接评价不同种类汽车的动力性。因为不同种类的汽车,其质量和外形有所不同,则它们的行驶阻力也不相同。如图6-16所示,反映的是总质量不同的两辆汽车的各挡驱动力曲线。实线和虚线分别表示汽车总重为63.7kN和34.3kN的驱动力曲线。从

图中可显然得知,第一辆汽车(总重为63.7kN)的各挡驱动力均较第二辆汽车的要大,但不能由此断定第一辆汽车的加速和爬坡性能(即动力性)较第二辆好。因为第一辆汽车在行驶中与总重成正比的滚动阻力和加速阻力要比第二辆汽车要大,且与汽车外形有关的空气阻力在它们间也可能存在很大的差异。

由此可见,表征汽车动力性的指标应是一种既考虑驱动力,又包含汽车自重和空气阻力的综合性参数。下面将驱动力平衡方程式进行一定的变形,即可找出评定汽车动力性的参数。

$$F_t = F_f + F_w + F_j + F_i$$

$$F_t - F_w = Gf + \delta \frac{G}{g} \cdot \frac{du}{dt} + Gi = G(f+i) + \delta \frac{G}{g} \cdot \frac{du}{dt}$$

令 $\Psi = f + i$,Ψ 为道路阻力系数,则变形后得

$$\frac{F_t - F_w}{\delta} = \Psi + \frac{\delta}{g} \cdot \frac{du}{dt}$$

若令$\dfrac{F_t - F_w}{G}$为汽车的动力因数,并以符号 D 表示,则

$$D = \Psi + \frac{\delta}{g} \cdot \frac{du}{dt}$$

此式称为汽车的动力平衡方程式。从该平衡方程式可知,不论汽车自重等参数有什么不同,只要有相同的动力因数 D,便能具有同样的加速和爬坡能力。因此目前常把动力因数 D 作为表征汽车动力特性的指标。

汽车在各挡位的动力因数与车速的关系曲线称为动力特性图,如图 6-17 所示。将汽车滚动阻力系数随车速变化关系曲线,以同样的比例尺画在动力特性图上,则可以方便地求解汽车的动力特性。

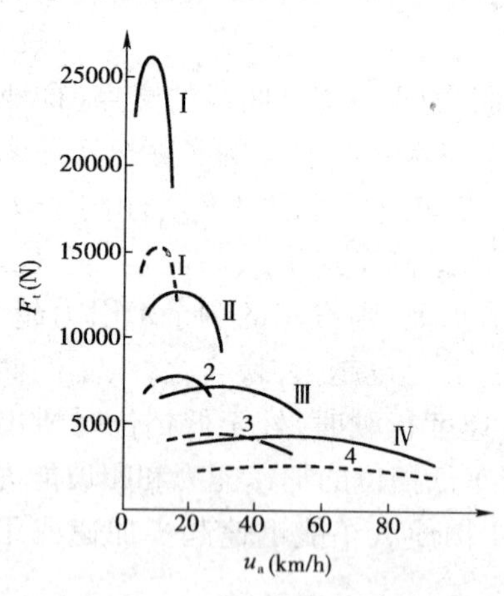

图 6-16 两辆总重不同汽车的驱动力图

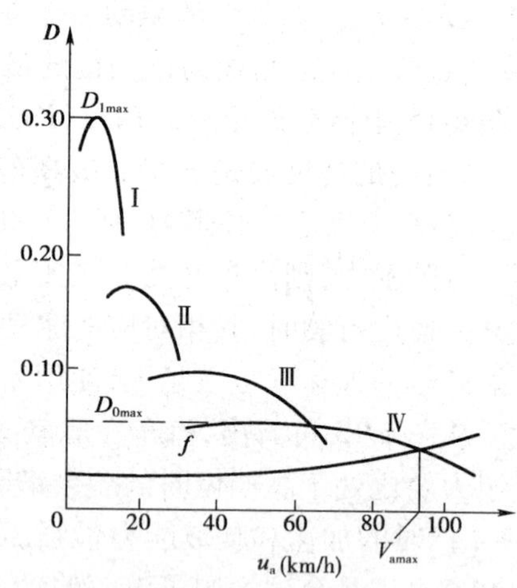

图 6-17 汽车的动力特性图

对图 6-17 分析可得知,动力因数和滚动阻力系数之间出现的差值可以用来使汽车加速、爬坡或牵引挂车,这差值通常称为汽车的剩余动力因数。图 6-17 中 f 曲线与最高档的动力因数 D 曲线的交点即是汽车的最高车速 V_{amax}。汽车在各挡位爬越最大坡度时,加速度为零(即 $du/dt = 0$),则在此条件下动力平衡方程式为:

$$D = \Psi = f + i$$

因此 D 曲线与 f 曲线间的距离，就是汽车各挡的上坡能力。图 6-17 中的 D_{Imax} 为 I 挡最大动力因数，很显然它也是汽车最大的动力因数，可粗略地代表汽车最大爬坡能力。D_{omax} 为汽车最高挡时的最大动力因数，它反映汽车以最高挡位行驶时的加速和爬坡能力，对汽车行驶的平均速度有很大影响。

评价汽车加速能力是在汽车水平行驶的条件下进行的，即 $i = 0$，则此时动力平衡方程为

$$D = f + \frac{\delta}{g} \cdot \frac{\mathrm{d}u}{\mathrm{d}t}$$

则

$$\frac{\mathrm{d}u}{\mathrm{d}t} = \frac{g}{\delta}(D - f)$$

对照动力特性图可得知，D 曲线与 f 曲线间的距离的 $\frac{g}{\delta}$ 倍，就是汽车各挡的加速度。当求汽车直接挡的加速度时，粗略判断，可取 $\delta \approx 1$、$g \approx 10\mathrm{m/s^2}$，则汽车加速度值约等于 D 曲线与 f 曲线间距离的 10 倍。

通过汽车动力特性图，可以直接对不同种类的汽车，确定出汽车的最高车速、加速能力和爬坡能力，即分析其动力性。

3. 汽车的功率平衡

汽车在行驶时，不仅在驱动力和行驶阻力之间存在平衡关系，而且在发动机功率和汽车行驶的阻力功率间也存在平衡关系，即在汽车行驶的每一瞬间，发动机发出的功率始终等于机械传动损失和全部运动阻力所消耗的功率。因此所谓汽车的功率平衡，就是指发动机发出的有效功率在各种阻力间的分配。

汽车所消耗的功率有：滚动阻力功率 P_{f}、空气阻力功率 P_{w}、坡道阻力功率 P_{i} 和加速阻力功率 P_{j}。设定发动机发出的功率为 P_{e}，机械传动效率为 η_{T}，则驱动轮所得到的功率为 $(P_{\mathrm{e}} \cdot \eta_{\mathrm{T}})$，根据能量守恒定律，可写成如下汽车功率平衡方程式

$$P_{\mathrm{e}} \cdot \eta_{\mathrm{T}} = P_{\mathrm{f}} + P_{\mathrm{w}} + P_{\mathrm{i}} + P_{\mathrm{j}}$$

经换算可得

$$P_{\mathrm{e}} = \frac{1}{\eta_{\mathrm{T}}}\left(\frac{GfV_{\mathrm{a}}}{3600} + \frac{GiV_{\mathrm{a}}}{3600} + \frac{G_{\mathrm{D}}AV_{\mathrm{a}}^2}{76140} + \frac{\delta mV_{\mathrm{a}}}{3600} \cdot \frac{\mathrm{d}u}{\mathrm{d}t}\right)$$

与力的平衡处理方式相同，功率平衡方程式也可用图解法表示。以纵坐标表示功率，横坐标表示车速，将发动机功率 P_{e}、汽车行驶中常遇到的滚动阻力及空气阻力所消耗的功率 $1/\eta_{\mathrm{T}}(P_{\mathrm{f}} + P_{\mathrm{w}})$ 对车速的关系绘制在坐标图上，可得到汽车功率平衡图。如图 6-18 所示，为某五挡轿车的功率平衡图。

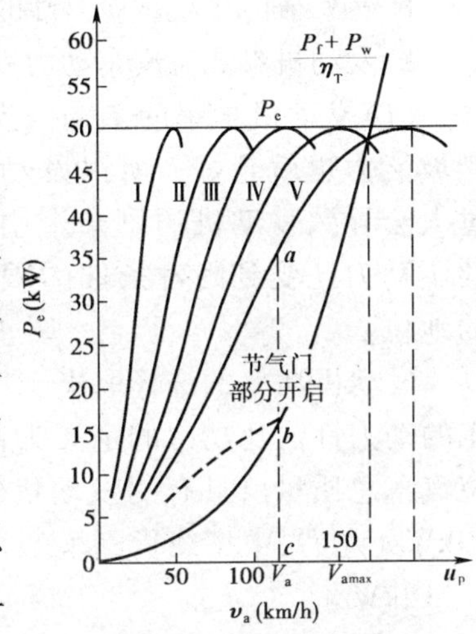

图 6-18　某五档轿车的功率平衡图

从该图中可看出，在不同挡位时，发动机功率的大小不变，只是各挡发动机功率曲线所对应的车速位置不同，低挡时车速低且车速的变化范围较小；高挡时车速高且车速的变化范围较大。

对于汽车的阻力功率曲线，P_{f} 在低速范围内为一直线，在

高速时因滚动阻力系数 f 随车速提高而增大，使 P_f 与车速 V 成为二次函数关系；P_w 则与 V 成三次函数关系。P_f 和 P_w 叠加后，阻力功率与车速 V 的关系是一条斜率越来越大的曲线。而且由图可见，汽车在高速行驶时，主要克服空气阻力功率。因此就高速汽车而言，通过改善其外形结构以降低空气阻力，这从提高汽车动力性的角度分析，则显得尤为重要了。

在该图中还可看出，当汽车在水平良好路面上以 V_a 速度等速行驶时，汽车的阻力功率为 $1/\eta_T(P_f+P_w)$，即图中的 bc 段，节气门的实际开度为图中的虚线所示，车辆维持着等速行驶。此时若将发动机节气门的开度开至最大，则发动机能发出的功率 P_e 为 ac 段。此时发动机功率 P_e 曲线与阻力功率 $1/\eta_T(P_f+P_w)$ 曲线间存在一个差值，这一差值通常称为汽车的后备功率，即图中的 ab 段。这一汽车在以某一速度 V_a 行驶时所具备的后备功率，可以用来使汽车加速、爬坡或牵引挂车。当然在不同挡位和车速下，汽车的后备功率是不同的。汽车的后备功率越大，表明汽车的动力性越好，即加速和爬坡能力越强。从图中可得知，汽车在最低挡时的后备功率相对较高挡位要大，因此汽车在低挡时更具有提速和爬坡的潜力。从图中也可得知，汽车在最高挡位时的功率 P_{eV} 曲线与阻力功率 $1/\eta_T(P_f+P_w)$ 曲线的交点（即功率平衡点）所对应的速度就是该车的最高车速 V_{amax}。

功率平衡是从能量转换角度研究汽车动力性的，利用功率平衡图可以形象地表明汽车的后备功率；利用功率平衡还可以研究汽车行驶时的负荷率（即在一定工况下，克服阻力所需发动机功率和该工况下发动机发出的最大功率的比值），以便研究经济性问题。在汽车的燃油经济性分析中常常用到它。

三、影响汽车动力性的主要因素

汽车的动力性主要体现在其三个评价指标上，因此影响汽车最高车速、加速能力和爬坡能力的因素都是汽车动力性的影响因素。由于汽车的动力性主要与汽车的结构参数、载荷及道路条件等有着密切关系，所以下面主要从汽车结构和使用条件两个方面来讨论各种因素对汽车动力性的影响。

1.汽车结构参数对动力性的影响

1）发动机参数对汽车动力性的影响

（1）发动机功率的影响。发动机功率愈大，其后备功率也愈大，汽车的加速能力和爬坡能力也就越好，所以发动机功率的大小直接影响到汽车的动力性。但发动机功率过大会导致发动机的剩余牵引力过大，这不但会使汽车的燃油经济性降低，而且汽车的驱动力还受到附着条件的限制。因此发动机功率的选择在汽车运用中具有非常重要的地位。

发动机功率的选择取决于车辆满载时的最高车速，常用比功率指标表示不同总质量汽车的动力性。比功率的定义为：发动机最大净功率与机动车最大允许总质量之比，也即单位汽车总质量所具有的发动机净功率，单位为 kW/t。目前国产微型货车的比功率一般在 20kW/t 左右，中型载货汽车的比功率一般在 10kW/t 左右，重型载货汽车的比功率一般在 5～10kW/t。

不同类型的汽车由于对动力性的要求不同，其比功率都有一个大致的范围。如表 6-4 为几种车辆的比功率参数。

几种车辆的比功率参数　　表 6-4

车型	满载总质量(kg)	发动机功率(kW)	比功率(kW/t)
昌河 CH1018 微型车	1400	25.7	16.52
解放 CA1040L 轻型货车	3805	65	15.37
解放 CA1091 中型货车	9310	99	9.57
东风 EQ1140F 重型货车	13770	120	7.84
斯太尔 149 · 28/K29 自卸货车	32000	206	5.79
依维柯 A40.10 轻型客车	4020	76	17.01
沈飞 SFQ6982 客车	10800	99	8.25
北京 BJ2021 切诺基越野车	2010	74.2	33.22
桑塔纳 LX	1460	63	38.84
奥迪 Audi100	1660	66	35.78
通用凯迪拉克	3277	104	28.56
福特 · 林肯马克Ⅳ轿车	2165	167	69.42
奔驰 560SEL	2310	220	85.71

(2)发动机外特性的影响。发动机的最大功率相同,但发动机的外特性曲线不同,汽车的动力性也是不同的。图 6-19 为最大功率相同而发动机外特性不同的汽车的动力性比较。图中曲线 1 在达到汽车最大车速之前速度范围内,其功率数值均比曲线 2 大,因而在这一使用范围汽车的动力性相对比发动机特性为曲线 2 的汽车要好,具有更大的加速和爬坡能力。

2)传动系参数对汽车动力性的影响

(1)传动系的机械效率 η_T。机械效率 η_T 越高,则传动系的损失功率 P_t 越小,发动机能有更多的有效功率可转变为驱动力并用于克服汽车的行驶阻力。例如在润滑油中加入减摩添加剂或选用黏度适当且黏温性较好的润滑油,能对提高传动系的机械效率产生较明显的效果。

(2)主减速器的传动比 i_0。关于主减速器的传动比 i_0 对汽车动力性的影响,可利用汽车在直接档行驶时的功率平衡图来分析。图6-20为汽车主减速器的传动比变化时的功率平衡图。随主减速器的传动比的不同,发动机功率曲线的位置和形状都发生了变化;但由于阻力功率只与汽车总重、车身形状、车速及道路阻力有关,而与主减速器的传动比是无关的,因此它的

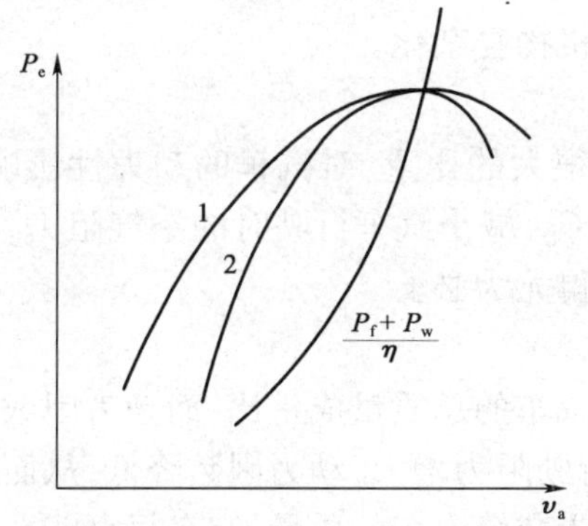

图 6-19　最大功率相同的汽车动力性比较

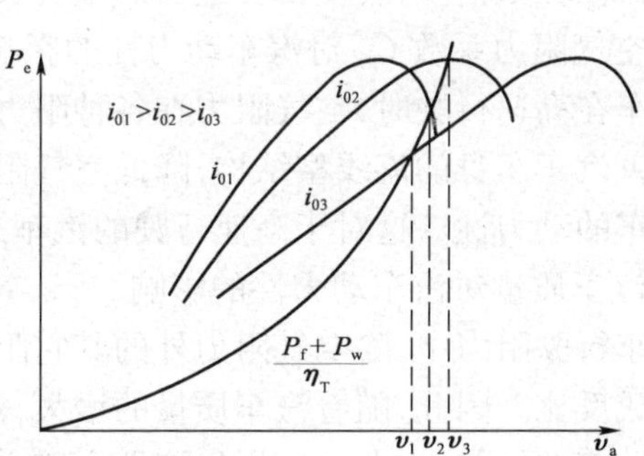

图 6-20　主减速器传动比变化时的功率平衡图

曲线是不变的。

从图6-20中可看出，在其它条件相同的前提下，采用主减速器的传动比i_{02}时所达到的汽车最高车速v_3为最高，且此时发动机处于最大功率的工作状态。而当主减速器的传动比大于或小于i_{02}时，由于P_e曲线与曲线$1/\eta_T(P_f+P_w)$相交在功率较低的位置，均使汽车的最高车速降低。

当$i_{01}>i_{02}$时，虽然汽车的最高车速有所降低，但随着车速的降低，汽车用来加速和爬坡的后备功率将增大，即抵抗行驶阻力的能力将增强；当$i_{03}<i_{02}$时，不仅使得汽车的最高车速降低，不能利用发动机的最大功率，而且其平均后备功率也减小，使汽车的动力性变差。

主减速器的传动比i_0是根据汽车的用途来确定的。选择载货汽车或公共汽车的主减速器传动比时，由于载货汽车经常需在各种路面包括在较坏和有坡道的道路上行驶，而城市公共汽车则要求有较好的加速性能，因此要求这类汽车有较大的后备功率，故选择主减速器传动比i_0时应采用比中间值稍大一些的为好，即略大于i_{02}。对于赛车，一般要求以尽可能高的最大速度，因此在选择主减速器传动比i_0时，应取中间值，即选择能获得最高速度的i_{02}。

综上所述，为使汽车拥有较好的动力性，主减速器传动比i_0选择一般取中间值或比中间值稍大一些，即i_{01}、i_{02}中的值。近年来，为了提高燃油经济性，也出现了主减速器传动比i_0减小的趋势。

(3)变速器的传动比i_g与挡数。汽车以最低挡(即I挡)行驶时，必须保证汽车具有足够的驱动力，以使汽车具有克服最大行驶阻力的能力。因此I挡的传动比直接影响着汽车起步加速性能和最大爬坡能力。

汽车大多数时间是以最高挡行驶的，即用最小传动比的挡位行驶，故最小传动比的选定也是很重要的。它影响着汽车平均技术速度和汽车的燃油经济性。现代汽车一部分仍保持变速器最小传动比为1，即最高挡为直接挡；另一部分汽车变速器最小传动比小于1，即最高挡为超速挡。利用超速挡的目的主要是提高汽车在良好道路上行驶的最高车速和高速时的燃油经济性。

变速器挡位数增多，发动机在接近最大功率工况下工作的机会增加，发动机的平均功率利用率高；同时也能使发动机尽量在燃油消耗量较低的区域内工作，利于降低汽车的燃油消耗。但变速器挡位数增多，会使得变速器的结构及其操纵机构复杂化。

3)空气阻力系数C_D对汽车动力性的影响

汽车在高速行驶时，空气阻力在各种阻力中占有很大的比重，对汽车的动力性影响较大。因此改善汽车车身的流线型结构，降低空气阻力系数C_D，减小汽车行驶时的空气阻力，有利于改善汽车的动力性。这对于高速行驶的汽车来说，显得尤为必要。

4)汽车质量对汽车动力性的影响

汽车行驶阻力中，除空气阻力外的其它阻力均与汽车的总质量成正比，而动力因数与汽车总质量成反比。因此，随着汽车质量的增大，汽车的行驶阻力增大，动力因数降低，从而使汽车的动力性变差，同时汽车的使用经济性也随之变差。为减轻汽车的质量，汽车尽可能选用一些轻质材料。

5)轮胎对汽车动力性的影响

减小轮胎的滚动阻力，能提高汽车的动力性；增大轮胎与地面间的附着系数，可以使驱动力得到充分发挥,利于汽车动力性的提高。轮胎的形式、花纹、气压对轮胎的滚动阻力系数及轮胎与地面间的附着系数有着直接的影响。因此轮胎的合理选择和运用对汽车动力性的提高有着较大的影响,不同的汽车应依据汽车行驶的环境条件对轮胎进行合理选用。

2. 使用因素对汽车动力性的影响

汽车的使用因素对汽车的动力性也有着重要的影响,对汽车能否充分发挥其应有的动力性起着关键作用。使用因素对汽车动力性的影响主要包括以下几方面:

1)发动机技术状况

发动机技术状况是保证汽车动力性的关键。所以应加强对汽车的日常维护,注重修理质量,以保证发动机具备应有的功率和转矩,确保动力性的发挥,否则将会导致汽车动力性的下降。

2)汽车底盘的技术状况

汽车传动系各轴承的紧固与润滑、前轮定位角度、轮胎气压、制动器的调整、离合器的调整以及传动系润滑油的质量等,对汽车的机械传动效率、行驶阻力均会构成影响,直接影响着汽车动力性能否得到充分发挥。

3)驾驶操作技术

熟练地驾驶、适时和迅速地换挡、正确选择挡位,对发挥和利用汽车的动力性有很大的影响。例如:驾驶时充分利用汽车的惯性进行冲坡,可以使汽车通过比使用说明书中的最大坡度更大的陡坡。

4)汽车的行驶条件

路面和气候条件也影响着汽车的动力性。道路状况直接影响到汽车的行驶阻力和附着力;气候条件对发动机功率的发挥及汽车行驶时的附着力也有着一定的影响。例如:车辆在坏路上行驶,路面和轮胎间的滚动阻力则会增大,附着系数下降,汽车的动力性变差;在炎热地区,发动机进气温度高,引起发动机功率下降,导致汽车动力性下降;汽车在高原地区行驶,由于气压低,发动机的充气量下降,导致发动机有效功率下降,也使得汽车的动力性变差。

5)运输的组织

不同类型的汽车具有不同的性能特点。能否合理进行运输组织、合理利用汽车的性能特点,对汽车动力性的充分发挥有着较大的影响。例如后备功率较小的车辆在良好路面上行驶时,能发挥其应有的动力性,而将之选派去从事山区运输任务,则会因爬坡能力和加速能力较低而影响汽车动力性的充分发挥,影响运行效率。

单元七 汽车的制动性

汽车的制动性是汽车主要性能之一。制动性的好坏直接影响行车安全，也关系到汽车动力性的有效发挥。汽车的制动性包括行车制动性和驻车制动性。本单元从介绍我国《机动车安全技术条件》规定的制动性评价指标入手，重点讨论行车制动性能的三个评价指标，找出提高汽车制动性的措施。

课题一 制动性的评价指标

一、行车制动性能的评价指标

行车制动性是指汽车行驶中强制降低行驶速度以至停车且维持行驶方向稳定的能力。行车制动性能主要从汽车的制动效能、制动效能的恒定性和制动时汽车方向的稳定性三方面来评价。

1. 制动效能

制动效能是指汽车迅速减速直至停车的能力。评价汽车制动效能最基本指标是制动距离 S(m)和制动减速度 j(m/s^2)。按我国《机动车安全技术条件》GB7258—2004A 规定(以下简称《安全技术条件》)，也可以采用制动力指标检测汽车的制动效能。

1)制动距离

制动距离是指汽车以速度 v_0 行驶时，从驾驶员脚踏制动踏板开始到汽车停止行驶所经过的距离。《安全技术条件》对制动距离的要求如表 7-1 所示

制动距离验车标准 表 7-1

机动车类型	制动初速度(km/h)	满载检验制动距离要求(m)	空载检验制动距离要求(m)	试验通道宽度(m)
三轮汽车	20	5.0		2.5
乘用车	50	20.0	19.0	2.5
总质量不大于 3500kg 的低速货车	30	9.0	8.0	2.5
其它总质量不大于 3500kg 的汽车	50	22.0	21.0	2.5
其它汽车、汽车列车	30	10.0	9.0	3.0

2)制动减速度

检验标准中的制动减速度值是指汽车紧急制动时充分发出的平均减速度，它代表汽车速度降低的幅度的大小，制动减速度越大，汽车减速愈快。《安全技术条件》对制动减速度的要求如表7-2所示。

制动减速度验车标准 表7-2

机动车类型	制动初速度(km/h)	满载检验充分发出的平均减速度(m/s^2)	空载检验充分发出的平均减速度(m/s^2)	试验通道宽度(m)
三轮汽车	20	3.8		2.5
乘用车	50	5.9	6.2	2.5
总质量不大于3500kg的低速货车	30	5.2	5.6	2.5
其它总质量不大于3500kg的汽车	50	5.4	5.8	2.5
其它汽车、汽车列车	30	5.0	5.4	3.0

按《安全技术条件》规定，用制动减速度检验汽车的制动效能时，还必须检查制动系协调时间。对于液压制动的汽车不应大于0.35s，对于气压制动的汽车不应大于0.60s，对于汽车列车、铰接客车和铰接式无轨电车不应大于0.80s。

按《安全技术条件》规定，汽车制动完全释放时间不应大于0.80s。

按《安全技术条件》规定，进行制动性能检验时的制动踏板力或制动气压应符合以下要求：

(1)满载检验时。气压制动系：气压表的指示气压为额定工作气压；液压制动系：跳板力，乘用车500N，其他机动车700N。

(2)空载检验时。气压制动系：气压表的指示气压600kPa；液压制动系：踏板力，乘用车400N，其他机动车450N。

3)制动力

对于相同质量的汽车，制动力越大制动效能越好；对于不同质量的汽车，要达到同样的制动效能，所需的制动力不同。因此《安全技术条件》规定，可用全车所有车轮制动力的总和占整车质量的百分比来检验汽车的制动效能。具体要求见表7-3。

制动力验车标准 表7-3

机动车类型	制动力总和与整车质量的百分比		轴制动力与轴荷[a]的百分比	
	空载	满载	前轴	后轴
三轮汽车	45			60[b]
乘用车、总质量不大于3500kg的货车	60	50	60[b]	20[b]
其它汽车、汽车列车	60	50	60[b]	

[a] 用平板制动试验台检验乘用车时应按动态轴荷计算。

[b] 空载和满载状态下测试均应满足此要求。

按《安全技术条件》规定，用制动力检验制动效能时，还必须同时满足以下两方面的要求：

(1)制动力平衡要求：在制动力增长全过程中同时测得的左右轮制动力差的最大值，与全过程中测得的该轴左右轮最大制动力中大者之比，对前轴不应大于 20%；对后轴（及其它轴）在轴制动力不小于该轴轴荷的 60% 时不应大于 24%，当后轴（及其它轴）在轴制动力小于该轴轴荷的 60% 时不应大于该轴轴荷的 8%。

（2）制动系协调时间要求：与用制动减速度验车时对制动系协调时间的要求相同。

上述三种制动效能验车方法中都规定了空载、满载两种极限标准值。一般情况下在空载状态下检验，只有当空载检验效能有质疑时，再用满载标准进行检验。三种方法满足其中任何一种都视为制动效能合格。

2. 制动时汽车的方向稳定性

指汽车制动时不发生跑偏、侧滑以及失去转向能力的性能。汽车在制动过程中若出现上述三种现象，将偏离原来的行驶方向，甚至失去控制。

《安全技术条件》对于如何控制失去转向能力暂未提出要求，对跑偏和侧滑是通过下述条件予以限制的。

用制动距离及制动减速度检验制动效能时，对制动恒定性要求的检验方法和标准是一致的，即要求制动过程中机动车的任何部位（不计入车宽的部位除外）不允许超出规定宽度的试验通道的边缘线。见表 7-1 和表 7-2 所示。

用制动力检验制动效能时，是通过对制动力平衡要求，来限制跑偏和侧滑的。

3. 制动效能的恒定性

制动效能的恒定性主要指抗热衰退性，即汽车在高速行驶或下长坡连续制动时制动效能的稳定程度。汽车的制动过程实际上是把汽车行驶的动能通过制动器吸收转换为热能的过程。制动器常温在 300℃以上，甚至高达 600 ~ 700℃。制动器自身温度这么高以后，制动力矩下降，制动减速度减小，制动距离增大，称之为制动器的热衰退。

制动效能的恒定性是设计汽车制动器要考虑的一个重要问题，也是汽车定型试验及汽车制造的质量检测时必须检测的重要性能之一。

国际上制动器的抗热衰退性一般用一系列连续制动时制动效能的保持程度来衡量。

国际标准草案 ISO/DIS6597 推荐：汽车以一定车速连续制动 15 次，每次的制动减速度为 3 m/s^2，在制动踏板力相同时的制动效能不低于规定冷状态制动效能（5.8 m/s^2）的 60%。

此外，涉水行驶后，制动器还存在水衰退现象。

二、驻车制动系统的评价指标

驻车制动性是指汽车在一定坡道上长时间停车的能力。《安全技术条件》规定的机动车驻车制动性能要求为：在空载状态下，驻车制动装置应能保证机动车在坡度为 20%（总质量为整备质量的 1.2 倍以下的机动车为 15%）、轮胎与路面间的附着系数不小于 0.7 的坡道上正、反两个方向保持固定不动，其时间不应少于 5min。对于允许挂接挂车的汽车，其驻车制动装置必须能使汽车列车在满载状态下时能停在坡度为 12% 的道（道上轮胎与路面间的附着系数不应小于 0.7）上。

当采用制动试验台测试驻车制动力时，车辆在空载状态，使用驻车制动装置，驻车制动力的总和不得小于该车在测试状态下整车质量的 20%（总质量为整备质量 1.2 倍以下的机动车为不小于 15%）。

课题二　汽车的制动性

一、制动时车轮的受力分析

汽车制动时，使汽车从一定的速度降低到较小的车速或直至停车的外力由地面和空气提供。由于空气阻力相对较小，所以实际上外力是由地面提供的，我们称之为地面制动力。当汽车质量一定时，地面制动力越大，制动减速度越大，制动距离越短。因此地面制动力对汽车制动性有决定性影响。

1. 地面制动力

汽车在良好路面上制动时，车轮受力如图 7-1 所示。

图中忽略了滚动阻力偶矩和减速时的惯性力、惯性力偶矩。

由力矩平衡分析可以得到地面制动力 F_{xb} 为

$$F_{xb}=\frac{T_{\mu}}{r}(\mathrm{N})$$

式中：T_{μ}——车轮制动器的摩擦力矩，N·m；

r——车轮半径，m。

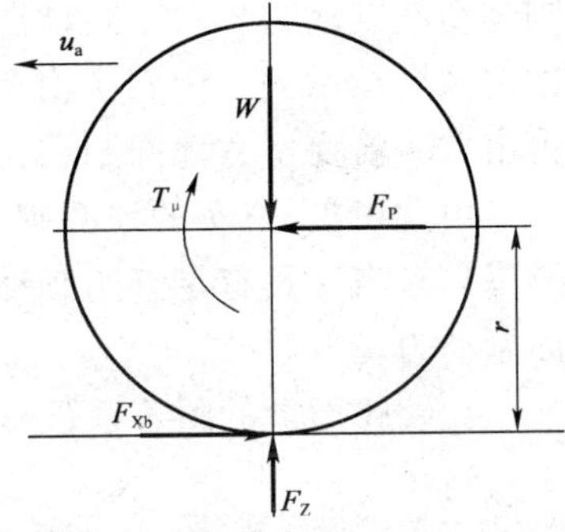

图 7-1　车轮在制动时的受力分析

地面制动力是使汽车制动而减速或停车的外力。它的产生源于制动力矩 T_{μ}。在 T_{μ} 的作用下，地面反作用于车轮一个使汽车减速或停车的切向力。地面制动力的大小一方面取决于制动器内制动摩擦片与制动鼓（盘）间的摩擦力，另一方面受到轮胎与地面的附着力的制约。

2. 制动器制动力

制动器制动力是为克服制动器摩擦力矩而在轮胎周缘所需施加的切向力。以符号 F_{μ} 来表示。它等于把汽车架离地面，踩住制动踏板后，在轮胎周缘切线方向推动车轮直至它能转动所需施加的力。显然

$$F_{\mu}=\frac{T_{\mu}}{r}$$

式中：T_{μ}——车轮制动器的摩擦力矩，N·m；

r——车轮半径，m。

由上式可知，制动器制动力仅取决于制动器的摩擦力矩，即取决于制动器的型式、结构尺寸、制动器摩擦副的摩擦系数和车轮半径，并与制动踏板力（制动系的液压或空气压力）成正比。

3. 地面制动力、制动器制动力与地面附着力的关系

汽车制动时，根据制动强度的不同，车轮的运动可简单地考虑为减速滚动和抱死拖滑动两种状态。此时地面制动力、制动器制动力及地面附着力之间的关系如图 7-2 所示。

1）车轮作减速滚动

当制动踏板力较小时，制动器摩擦力矩不大，地面制动力足以克服制动器摩擦力矩而使车轮维持滚动。显然，车轮滚动时的地面制动力就等于制动器制动力，且随着制动踏板力的增大而成正比增大。但地面制动力是滑动摩擦的约束反力，其值不能超过地面附着力，即

$$F_{xb} \leqslant F_{\varphi} = F_z \varphi$$

2）车轮抱死拖滑

当制动踏板力或制动系压力上升到某一极限时，地面制动力达到地面附着力（$F_{xb} = F_{\varphi}$）时，车轮即抱死不转而出现拖滑现象。制动踏板力或制动系压力继续增大，则制动器制动力只由于制动器摩擦力矩的增长而仍按线性关系继续增大。但若作用在车轮上的法向载荷不变，则地面制动力 F_{xb} 达到地面附着力后不再增大。若要增大地面制动力，此时只能通过提高附着系数来实现。

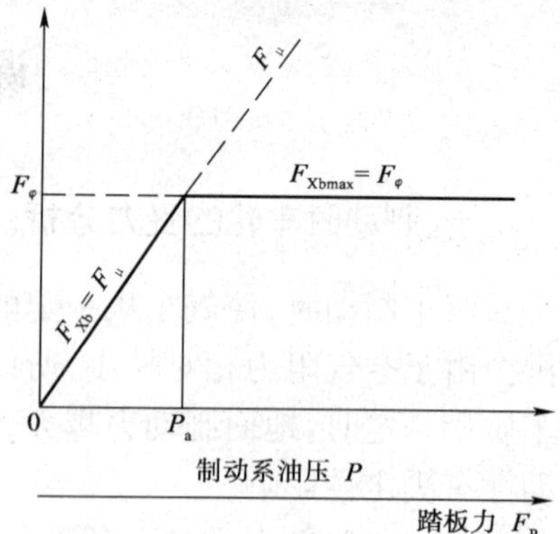

图 7-2　地面制动力、制动器制动力与地面附着力的关系

由此可见，汽车的地面制动力首先取决于制动器制动力，同时又受地面附着条件的限制。所以只有汽车具有足够的制动器制动力，同时又能提供高的地面附着力时，才能获得足够的地面制动力。

4. 硬路面上的附着系数 φ 与滑动率 s

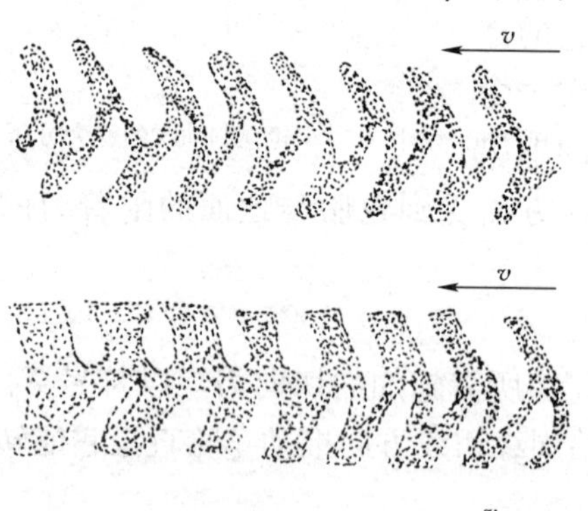

图 7-3　制动时轮胎留在地面上的印痕

汽车的制动过程实际上并不只是包含滚动和抱死拖滑两种状态，而是从车轮滚动到抱死拖滑的一个渐变的连续过程。如图 7-3 所示的汽车制动过程中逐渐增大制动踏板力时轮胎在地面上的印痕就很好地说明了这一点。

由图可见轮胎印痕基本上可以分为 3 个阶段，相对应于车轮运动的 3 种不同状态：

（1）车轮作纯滚动，此时印痕的形状与轮胎面花纹基本一致；

（2）车轮作边滚动边滑动的混合运动，此时印痕内还可以辨认出轮胎花纹，但花纹渐趋模糊，且随着制动强度的增大，滑动成分越来越大；

（3）车轮作纯滑动，此时车轮抱死拖滑、印痕粗黑，看不出轮胎花纹。

以上 3 个阶段说明，随着制动强度的增大，车轮滚动成分逐渐减小，滑动成分逐渐增大。一般用滑动率 s 来予以说明。

$$s = \frac{u_w - r_{r0}\omega_w}{u_w} \times 100\%$$

式中：u_w——车轮中心的速度；

ω_w——车轮的角速度；

r_{r0}——没有地面制动力时的车轮滚动半径。

从以上公式可以看出，当车轮作纯滚动时，$s=0$；车轮抱死作纯滑动时，$s=100\%$；作边滚动边滑动时，$0<s<100\%$。

若令制动力与法向载荷之比为制动力系数（附着系数），则在不同的滑动率时，附着系数的值不同。如图7-4所示，图中绘出了纵向（沿车轮旋转平面方向）附着系数曲线和侧向（垂直于车轮旋转平面方向）附着系数曲线。

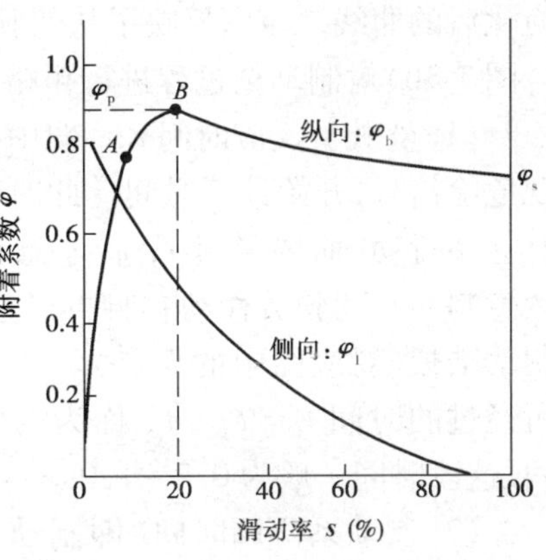

图7-4　附着系数曲线

对于纵向附着系数曲线（φ_b-s）来说，曲线$0A$段近似于直线。φ_b随着s的增大而迅速增大，虽有一定的滑动率，但轮胎与地面没有发生真正的相对滑动。曲线至A点后，随着系数增长渐缓。这是由于轮胎接触地面中出现局部相对滑动的缘故。在B点φ_b取最大值φ_p，称为峰值附着系数。φ_p一般出现在$s=15\%\sim20\%$时。由于摩擦副间的滑动摩擦系数小于静摩擦系数，所以B点以后，φ_b值逐渐下降，直至$s=100\%$，附着系数降为最小值φ_s。φ_s称为滑动附着系数。

侧向附着系数曲线（φ_l-s）是有侧向力作用而发生侧偏时，侧向力系数φ_l（侧向附着系数）与滑动率s的关系曲线。侧向力系数（侧向附着系数）为侧向力与法向载荷之比。曲线表明，滑动率愈低，同一侧偏角条件下的侧向力附着系数愈大，即轮胎保持转向、防止侧滑的能力愈大。各种路面上的平均峰值附着系数和滑动附着系数见表7-4。

各种路面上的平均附着系数　　表7-4

路面	峰值附着系数 φ_p	滑动附着系数 φ_s
沥青或混凝土（干）	0.8~0.9	0.75
沥青（湿）	0.5~0.7	0.45~0.6
混凝土（湿）	0.8	0.7
砾石	0.6	0.55
土路（干）	0.68	0.65
土路（湿）	0.55	0.4~0.5
雪（压紧）	0.2	0.15
冰	0.1	0.07

附着系数的数值主要取决于道路的材料、路面的状况与轮胎结构、胎面花纹、材料以及汽车运动的速度等因素。

二、制动效能及其恒定性

1. 制动效能

1）制动减速度

制动减速度是检验汽车制动效能的最基本指标之一，其大小直接影响制动距离的长短。

制动减速度的大小反映了地面制动力的大小，因此它与制动器制动力（车轮滚动时）及地面附着力（车轮抱死拖滑时）有关。

由于实际制动过程中,制动器制动力与驾驶员踩制动踏板力直接相关,因此制动减速度 j 又与制动踏板力 F 有关。

图 7-5a)是实际测得的制动踏板力与制动减速度及制动时间的关系曲线;图 7-5b)是经过简化后的曲线。该图反映了从驾驶员接受紧急制动信号开始,到制动结束的全过程。下面结合图 7-5b)对制动全过程进行粗略的分析。

(1)驾驶员反应时间 t_1。图中 a 点表示出现危险信号,开始计算时间。此时驾驶员并没有立即行动,而要经过 t'_1 后才意识到应进行紧急制动。驾驶员移动右脚再经过 t''_1 后踩着制动踏板(对应图中的 b 点)。从 a 点到 b 点所经过的时间 $t_1 = t'_1 + t''_1$ 称为驾驶员反应时间,这段时间一般为 0.3 ~ 1.0s。

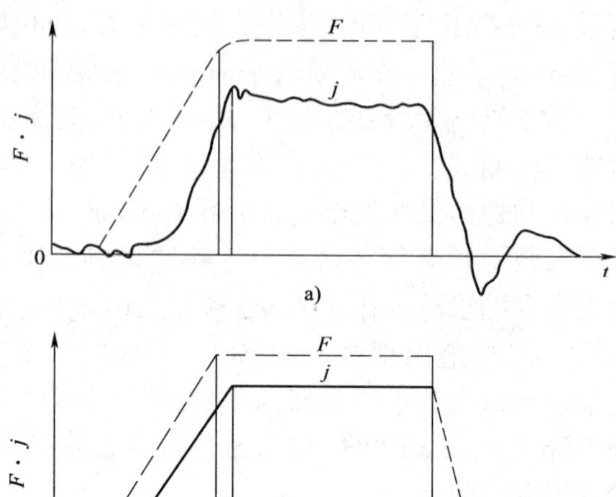

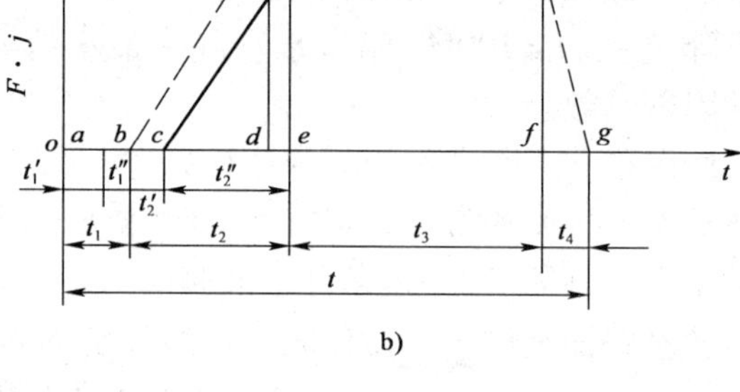

图 7-5 汽车的制动过程

(2)制动系协调时间(即制动器的作用时间)t_2。b 点之后,随着驾驶员踩踏板力的动作,踏板力迅速增大,到 d 点时达到最大值。但由于制动系管路压力的提高以及制动器蹄片与制动鼓间隙的消除需时间,所以经过 t'_2,即到 c 点,地面制动力才起作用,使汽车开始产生减速度。由 c 点到 e 点是制动器制动力增长过程所需的时间 t''_2。$t_2 = t'_2 + t''_2$ 称为制动系协调时间(又称制动器作用时间)。制动系协调时间一方面取决于驾驶员踩踏板的速度,另一方面要受制动系结构型式的影响。t_2 一般在 0.2 ~ 0.8s 之间。

(3)持续制动时间 t_3。从 e 点到 f 点,驾驶员保持制动踏板力不变,制动减速度基本保持不变,这段时间 t_3 称之为持续制动时间。

(4)制动释放时间 t_4。到 f 点驾驶员松开踏板,但制动力的消除还需要一段时间。这段时间 t_4 称之为制动释放时间。t_4 一般在 0.2 ~ 0.8s 之间。这段时间过长一方面会耽误随后起步行驶的时间;另一方面在制动过程中若出现因车轮抱死而使汽车失去控制,驾驶员采取措施放松制动踏板时,制动力不能及时释放,危及安全。《安全技术条件》规定,机动车制动完全释放时间(指从松开踏板到制动力完全消除所需时间)不得大于 0.8s。

由上述分析可知,在制动过程中,实际的制动减速度是个变化的值。《安全技术条件》规定的制动减速度标准,是指紧急制动过程中持续制动时间 t_3 阶段应达到的制动减速度值。

粗略地分析,对于普通行车制动系统,在持续制动阶段,可以认为前、后车轮均抱死。此时制动减速度达到最大值 j_{max},并与路面附着系数存在下列关系:

$$j_{max} = \varphi_s g$$

式中:φ_s——滑动附着系数;

g——重力加速度。

对于装有防抱死装置的汽车,滑动率达到 15% ~ 20% 时,制动减速度达到最大值。

2)制动距离 S

制动距离是检验汽车制动效能的最基本指标之一,也是最直观的指标。

如上所述,制动全过程包括驾驶员反应时间,制动系协调时间,持续制动时间和制动系释放时间4个阶段。但一般所指制动距离是驾驶员踩着制动踏板到完全停车的距离,即包括制动系协调时间 t_2 和持续制动时间 t_3 两个时间间隔内汽车驶过的距离。

(1)制动系协调时间内驶过的距离 S_2。如图7-5b)所示,制动系协调时间又可分为消除制动系间隙时间 t'_2 和制动力增长时间 t''_2。因此,在 t_2 时间内的制动距离为

$$S_2 = S'_2 + S''_2 = v_0 t'_2 + v_0 t''_2 - \frac{1}{6} j_{max} t''^2_2 = v_0 t_2 - \frac{1}{6} j_{max} t''^2_2$$

(2)持续制动阶段驶过的距离 S_3(拖印长度)

$$S_3 = \frac{v_0^2}{2j_{max}} - \frac{v_0 t''_2}{2} + \frac{j_{max} t''^2_2}{2}$$

(3)总制动距离 S

$$S = S_2 + S_3 = \left(t'_2 - \frac{t''_2}{2} \right) v_0 + \frac{v_0^2}{2j_{max}} + \frac{j_{max} x''^2_2}{3}$$

上式中由于 t''_2 很小,故第三项可以忽略,且车速单位为km/h,则上式的 S(单位为m)可写成

$$S = \frac{1}{3.6} \left(t'_2 + \frac{t''_2}{2} \right) v_0 + \frac{v_0^2}{25.9 j_{max}}$$

从上式可以看出,决定汽车制动距离的主要因素是:制动系协调时间、最大制动减速度(取决于制动器最大制动力和地面附着条件)、制动的起始车速。

上式是从评价汽车制动效能的角度得出的计算制动距离的基本公式。在实际汽车行驶中,驾驶员的反应时间 t_1 直接影响安全制动距离。因此,保证制动安全所需最小距离应为

$$S' = S_1 + S_2 + S_3 = \frac{1}{3.6} \left(t_1 + t'_2 + \frac{t''_2}{2} \right) v_0 + \frac{v_0^2}{25.9 j_{max}}$$

以上公式中,汽车行驶速度均为m/s,如果行驶速度以km/h为单位,并将 $j_{max} = g\varphi$,制动系协调时间取平均值,代入上式进行整理,可得汽车以初速度 v_0(km/h)在附着系数为 φ 路面上的紧急制动距离为

$$S = \frac{v_0}{3.6} \left(t_1 + \frac{t_2}{2} \right) + \frac{v_0^2}{254\varphi}$$

2. 制动效能恒定性

制动效能恒定性的主要内容就是指汽车行车制动系统抗热衰退的性能。衡量抗热衰退性能一般以连续制动时制动效能占冷制动效能的百分数作为评价指标。

热衰退现象产生的主要原因是制动蹄的摩擦材料都含有有机聚合物,当连续较高强度制动或高速紧急制动时,摩擦片温度超过其生产时的最高温度,摩擦片内的有机物在高温下发生分解,产生气体和液体,在摩擦表面形成有润滑作用的薄膜,使摩擦系数下降,即出现热衰退。

制动器结构型式与抗热衰退性也有密切的关系。一般用制动效能因数 k_{ef} 与摩擦系数的关系曲线来说明各种类型制动器的效能及其稳定程度。制动效能因数 k_{ef} 是指单位制动泵推

力所产生的制动器摩擦力。

$$k_{ef}=\frac{F_u}{F}$$

式中：F——制动泵推力；

F_u——制动器摩擦力。

如图7-6所示，双向自动增力蹄与双向增力蹄式制动器，由于结构上产生的增力作用，具有较大的制动效能因数。但当摩擦系数改变时，会引起制动效能大幅度变化，即制动器的稳定性差。双减力蹄制动器的结果与之相反。增、减力蹄制动器介于二者之间。盘式制动器的制动效能没有鼓式制动器高，但其稳定性好。这是近年来盘式制动器广泛被采用于高速轿车的原因。

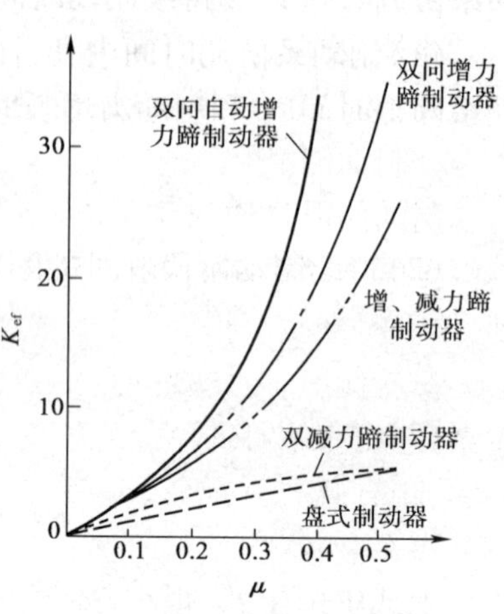

图7-6　制动效能因数曲线

汽车涉水后制动效能的变化是制动效能稳定性的内容之一。涉水后由于制动器被水浸湿，制动器摩擦副的摩擦系数会降低，制动效能也会降低，这种现象称之为水衰退现象。为保证行车安全，汽车涉水后应踩几次制动踏板，使制动蹄和鼓摩擦生热迅速干燥，制动效能才能恢复正常。

三、制动时的方向稳定性

汽车在制动过程中，维持原来直线行驶或按预定弯道行驶的能力，称为汽车制动时的方向稳定性。据统计，制动时方向的稳定性问题是造成交通事故的主要原因之一。

汽车在制动过程中丧失方向稳定性问题归纳起来有三类，一是制动跑偏；二是制动侧滑；三是弯道制动失去转向能力。

1. 制动跑偏

制动跑偏是指制动时汽车自动向左或向右偏驶。汽车制动跑偏的原因主要是由于左、右轮（尤其是前轴左、右轮）制动器制动力不相等。

为进一步弄清制动跑偏产生的原理，用图7-7予以分析。

为了简化，假定车速较低，跑偏不严重，且跑偏过程中转向盘不动，制动过程中没有发生侧滑，并忽略汽车作曲线运动时产生的离心力及车身绕质心的惯性力偶矩。

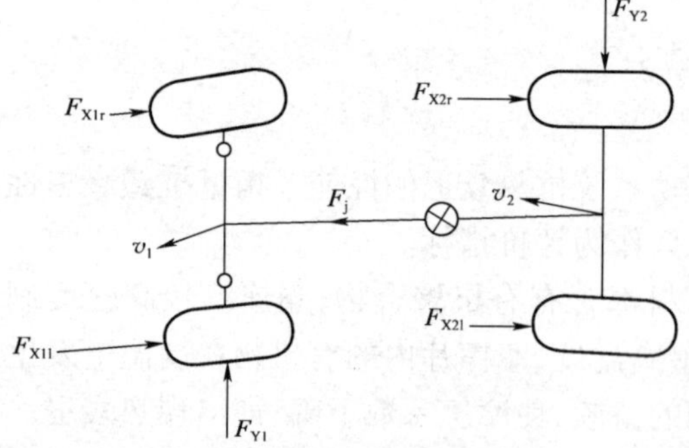

图7-7　制动跑偏时的受力图

设前左轮的制动器制动力大于前右轮，即地面制动力 $F_{xil}>F_{xir}$。此时，前、后轴分别受到的地面侧向反作用力为 F_{Y1} 和 F_{Y2}。显然，F_{xil} 绕主销的力矩大于 F_{xir} 绕主销的力矩。虽然转向盘不动，由于转向系各处的间隙及零部件的弹性变形，转向轮会向左转动一角度使汽车有轻微的转向行驶，即产生跑偏。同时由于主销有后倾，也使 F_{Y1} 对转向轮产生相同方向的偏转力矩，加大向左的跑偏程度。

若后轴左、右轮制动力不一致,也会产生相似的作用,但前轴的影响更显著一些。

为了限制制动跑偏,《安全技术条件》对用制动力检验制动效能时的对制动力平衡作出了明确要求。

在实际使用中应注意,除了制动力不一致会引起制动跑偏外,左、右轮制动生效时间不一致也会引起制动跑偏。《安全技术条件》对此尚未作出限制。

此外,若左、右轮主销内倾角不相等,即使地面制动力相等,也可能向主销内倾角较小的一边跑偏。因为该边地面制动力对主销轴线的距离较另一边大,其力矩较大。

2. 制动侧滑

制动侧滑是指制动时,汽车的某一轴车轮或全部车轮发生横向滑动的现象。制动侧滑影响汽车的操纵稳定性,尤其是高速行驶的汽车。如果后轴车轮侧滑会引起汽车剧烈的回转运动,严重时会使汽车调头甚至翻车。

车轮侧滑是由于侧向力超过了侧向附着力。在汽车制动时,随车辆滑移率的增大,侧向附着系数减小,侧滑的可能性增大。当车轮被抱死拖滑(滑移率为100%)时,侧向附着系数几乎为零,稍有侧向力就会引起侧滑。

汽车制动时,如果前轴车轮发生侧滑,而后轴车轮不侧滑,则汽车前轴中点的速度方向偏离汽车的纵轴线,后轴中点的速度方向仍与汽车的纵轴线一致。如图7-8所示,作前、后轴中点速度向量 v_A 和 v_B 的垂线交于 O 点,O 点即为前轴侧滑后使汽车作曲线运动的瞬时转向中心。由于作用在汽车重心上的离心力 F_c 在汽车侧向方向的分力与侧滑方向相反,具有抑制侧滑的作用,所以前轴侧滑时汽车行驶方向改变不大。

汽车制动时,如果后轴车轮发生侧滑,而前轴车辆不侧滑,如图7-9所示,作用在汽车重心上的离心力 F_c 在汽车侧向方向的分力与侧滑方向一致,具有加剧后轴侧滑的作用,而后轴侧滑的加剧又使离心力增大,所以后轴侧滑时汽车行驶方向改变很大,甚至发生汽车调头或剧烈回转的现象。在实际使用中,若制动时后轴发生侧滑,驾驶员可向后轴侧滑的方向转动转向盘,以改变前轴中点的速度方向(图7-9中虚线),从而增大汽车回转半径,减小作用在汽车质心上的离心力,有利于减轻甚至迅速消除后轴侧滑。

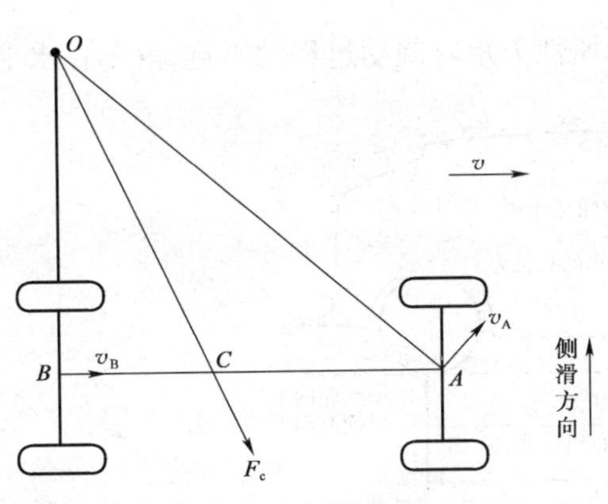

图7-8 汽车前轴侧滑分析

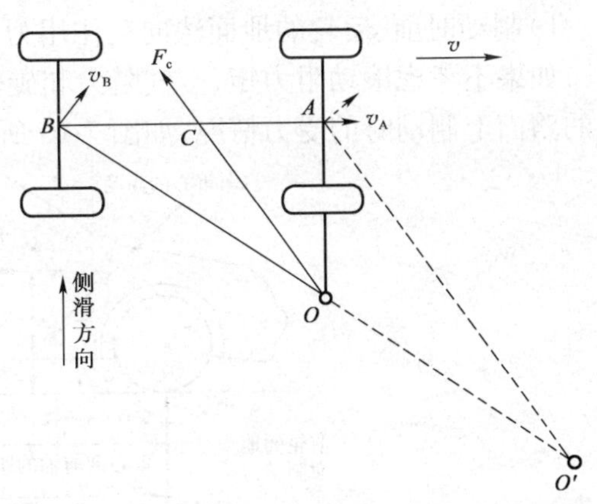

图7-9 汽车后轴侧滑分析

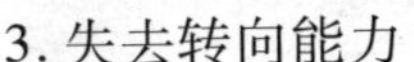
3. 失去转向能力

失去转向能力是指汽车在弯道上制动时，转动转向盘也无法使汽车转向沿预定弯道制动停车的现象。

汽车转向行驶时，由于转向轮偏转，使车轴对转向轮的推力产生侧向分力，若侧向分力超过转向轮上的侧向附着力，就会引起转向轮侧滑，从而使汽车不能沿预定的方向行驶。汽车制动时，由于车轮滑动率的增大，侧向附着系数减小，因此汽车的转向能力下降；当转向轮抱死拖滑（滑动率为100%）时，侧向附着系数几乎为零，汽车将完全丧失转向能力。

四、理想的制动系统

1. 前、后轮抱死次序

对不装 ABS 的普通制动系统，在汽车以最大强度制动时，必须使所有车轮均抱死，以保证汽车制动的可靠性。在汽车制动过程中，前、后轴车轮的抱死次序可分为 3 种：前轮先于后轮抱死、后轮先于前轮抱死和前、后轮同时抱死。

前、后车轮的抱死次序对制动时的方向稳定性有很大影响。

由对汽车制动时方向稳定性的分析可知，达到附着极限处于制动抱死的车轮最易发生侧滑，且失去转向能力。在汽车的制动过程中，如果前轮先于后轮抱死，则在汽车未达到最大制动强度之前，就会出现前轮抱死拖滑的现象，虽然前轮发生侧滑时危险性不大，但通常作为转向轮的前轮会失去转向能力；如果后轮先于前轮抱死，则在汽车未达到最大制动强度之前，后轴车轮就容易发生因抱死而侧滑的现象，后轴侧滑具有较大的危险性；如果前、后轮同时抱死，在汽车未达到最大制动强度之前，前、后轴车轮均不会抱死，有利于保持汽车制动时的方向稳定性。

由以上分析可见，对于不装 ABS 装置的汽车，前、后轮同时抱死是制动的最佳状态，不仅制动系工作效率高，而且制动时的方向稳定性好。

2. 理想的前、后轮制动器制动力分配

在汽车的制动过程中，前、后轮抱死的次序取决于前、后制动器动力和附着力之间的关系。而在附着系数一定时，前、后轮的附着力取决于前、后轮的地面法向反作用力。

1）制动时前、后轮的地面法向反作用力

如果不考虑滚动阻力矩、空气阻力和旋转质量惯性力矩对制动过程的影响，汽车在水平良好的路面上制动时的受力情况，如图 7-10 所示。

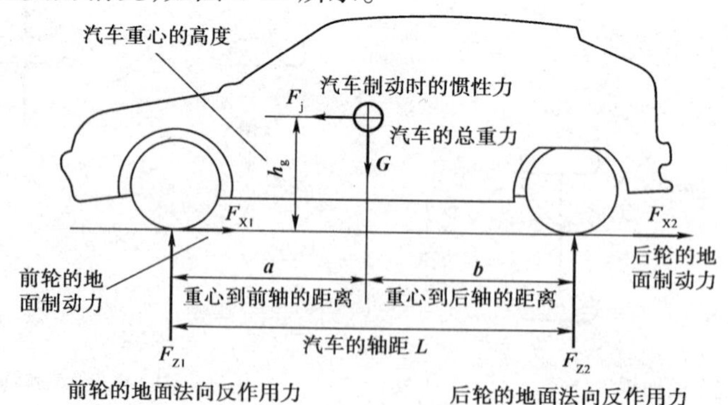

图 7-10　汽车制动时的受力分析

由图 7-10 分别对前、后轮接地点取力矩可求得

$$\begin{cases} F_{Z1} = \dfrac{Gb + F_j h_g}{L} \\ F_{Z2} = \dfrac{Ga + F_j h_g}{L} \end{cases}$$

因为 $F_j = F_{x1} + F_{x2} = F_x$,所以在附着系数为 φ 的道路上汽车以最大制动强度制动,前、后轮全部抱死时,$F_j = F_{xmax} = F_{\varphi} = G\varphi$,代入前、后轮地面法向反作用力公式可得

$$\begin{cases} F_{Z1} = \dfrac{G}{L}(b + \varphi h_g) \\ F_{Z2} = \dfrac{G}{L}(a + \varphi h_g) \end{cases}$$

由以上分析可得:一定的汽车在一定的道路条件下制动时,前、后轮的地面法向反作用力是变化的:在制动强度较小时,前、后轮的地面法向反作用力取决于汽车的总地面制动力;前、后轮全部抱死时,前、后轮的地面法向反作用力取决于道路附着系数。

2)理想的前、后轮制动器制动力分配

理想的前、后轮制动器制动力分配是指在各种道路条件下,均能保持最佳制动状态所需的前、后轮制动器制动力分配。由于汽车前、后轮的附着力取决于前、后轮的地面法向反作用力和附着系数,而前、后轮全部抱死时的地面法向反作用力也取决于附着系数,所以汽车制动时,保持理想制动状态所需的前、后轮制动器制动力分配应随附着系数而变化。

在达到理想制动状态前、后轮同时抱死时,前、后轮的制动器制动力分别等于各自的附着力,且前、后轮的制动器制动力之和等于汽车总的附着力。因此,理想的前、后轮制动器制动力分配应满足的条件为

$$\begin{cases} F_{\mu1} = F_{Z1}\varphi \\ F_{\mu2} = F_{Z2}\varphi \\ F_{\mu1} + F_{\mu2} = G\varphi \end{cases}$$

将前、后轮地面法向反作用力公式代入上式,并进行简化整理可得

$$\begin{cases} \dfrac{F_{\mu1}}{F_{\mu2}} = \dfrac{b + \varphi h_g}{a - \varphi h_g} \\ F_{\mu1} + F_{\mu2} = G\varphi \end{cases}$$

当汽车的结构参数(G、a、b、h_g)一定时,按上述方程组可作出不同附着系数时,前、后轮制动器制动力的关系曲线,即理想的前、后轮制动器制动力分配曲线,简称“I”线,如图 7-11 所示。

3. 实际的前、后轮制动器制动力分配

一般两轴汽车实际的前、后轮制动器制动力之比为常数。为了说明前、后轮制动器制动力的分配情况,通常用前轮制动器制动力与汽车的总制动器制动力之比来表示分配比例,称为制动器制动力分配系数,用符号 β 表示

$$\beta = \frac{F_{\mu1}}{F_{\mu1} + F_{\mu2}}$$

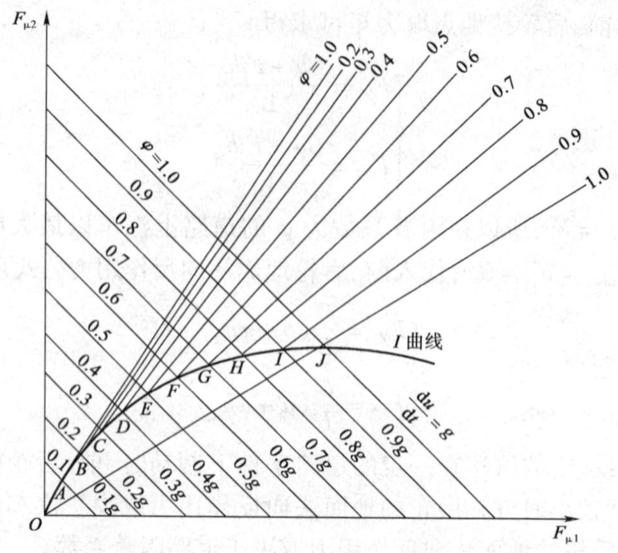

图 7-11　理想的前、后轮制动器制动力分配曲线

式中：$F_{\mu1}$——前轮制动器制动力；

$F_{\mu2}$——后轮制动器制动力。

由上式可得前、后轮制动器制动力之比为

$$\frac{F_{\mu1}}{F_{\mu2}}=\frac{\beta}{1-\beta}$$

由此可见，实际汽车前、后轮制动器制动力的分配为固定比值，在 $F_{\mu1}$-$F_{\mu2}$ 坐标系中可用一直线来表示，该直线通过坐标原点，称为实际的前、后轮制动器制动力分配曲线，简称"β"线。如图 7-12 所示为某汽车的"β"线和"I"线。两线只有一个交点，该点对应的附着系数 φ_0 称为同步附着系数。

同步附着系数是汽车制动系的一个重要参数，它说明前、后轮制动器制动力分配为固定比值的汽车，只有在一种路面上，即附着系数为 φ_0 的路面上制动时，才能达到前、后轮同时抱死的理想制动状态。在 $\varphi<\varphi_0$ 的路面上制动时，由于 I 线（满载）位于 β 线的上方，当前轮抱死所需的制动器制动力一定时，实际的后轮制动器制动力总是达不到同时抱死需要的制动力，所以前轮先于后轮抱死。而在 $\varphi>\varphi_0$ 的路面上制动时，由于 I 线（满载）位于 β 线的下方，当前轮抱死所需的制动器制动力一定时，实际的后轮制动器制动力总是已超过同时抱死需要的制动力，所以后轮先于前轮抱死。

汽车空载的 I 线基本位于 β 线下方，所以空载制动时，一般都是后轮先于前轮抱死。

由 β 线和 I 线交点对应的前、后轮制动器制动力关系，可得

$$\varphi_0=\frac{L\beta-b}{h_g}$$

同步附着系数主要是根据道路条件和常用车速来选择的。

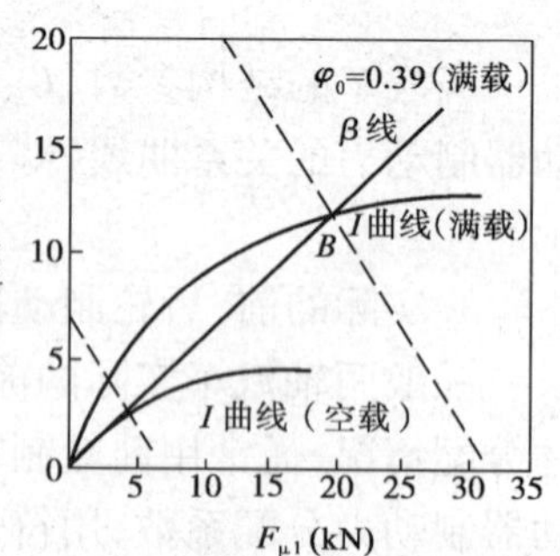

图 7-12　β 线与 I 线分析图

为防止汽车制动时发生危险的后轴侧滑，同步附着系数一般应保证在多数道路条件下制动时，前轮先于后轮抱死。轿车的同步附着系数一般为0.6～0.9，货车一般为0.5～0.8。

五、提高制动性的措施

1. 结构措施

提高汽车制动性的结构措施可分3个方面：通过提高制动力来提高制动效能，通过改进摩擦材料和制动器的结构来提高制动效能的恒定性，通过合理分配前、后轮制动器制动力来提高制动时的方向稳定性。

1）增大制动器的制动力矩

足够的制动力矩是产生最大的地面制动力的保障，否则有大的附着力也无法利用。为增大制动器的制动力矩，在制动器结构上可采取的具体措施有：选用摩擦系数较大的摩擦副材料，适当增大制动鼓（或制动盘）直径，适当增大制动气压或液压，保证摩擦片与制动鼓接触面大且均匀，使摩擦片半径略大于制动鼓半径等。

2）提高制动器的抗热衰退性

制动效能的恒定性主要是指制动器的抗热衰退性。合理选择制动器的结构形式和摩擦副材料，是提高制动器抗热衰退性的主要措施。

3）采用制动压力调节装置

采用普通制动系统（不装ABS）的汽车，在不同路面上制动时，不可能都达到理想的制动状态。为提高汽车制动时方向稳定性，在尽量防止后轮抱死侧滑可能性的同时，尽量保持转向轮的转向能力，这就要求汽车前、后轮制动器制动力的实际分配曲线（β线）应总在理想分配曲线（I线）下方，而且β线越接近I线越好。为此在现代汽车的制动系统中装有各种压力调节装置，根据需要调节实际的前、后轮制动器制动力分配比值，以实现上述目的。

制动系常用的压力调节装置有限压阀、比例阀、感载限压阀、感载比例阀。采用不同压力调节装置时的β线和I线，如图7-13所示。由图可见，采用任何一种压力调节装置都能使β线与I线接近，尤其采用感载比例阀或感载限压阀时，还能根据载荷的变化使β线接近该载荷下的I线。

4）采用防抱死制动系统

汽车制动过程中，车轮抱死是导致侧滑和失去转向能力的主要原因，而且车轮抱死使纵向附着系数也不能取得最大值，因此，制动时防止车轮抱死并控制车轮的滑动率，是提高汽车制动性的重要措施。在汽车紧急制动时，为防止车轮抱死，目前广泛应用防抱死制动系统，即ABS（Anti-Lock Brake System）。

ABS的功用就是在汽车制动过程中，根据车轮滑动率的变化，自动增大或减小制动系统的压力，使车轮滑动率始终保持在20%左右，以便获得最大纵向附着系数，提高汽车的制动效能。同时，也可在制动中保持较大的侧向附着系数，防止汽车侧滑或失去转向能力，提高汽车制动时的方向稳定性。

无论是气压制动系统还是液压制动系统，ABS均是在普通制动系统的基础上增加了传感器、ABS执行机构和ABS电脑三部分，如图7-14所示。

（1）ABS传感器。包括轮速传感器、车速传感器和汽车减速传感器。汽车减速度传感器

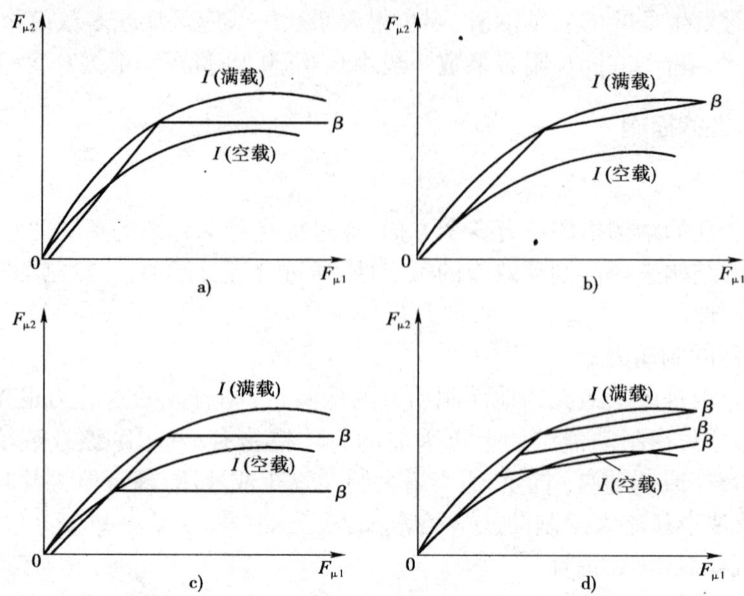

图 7-13　采用不同压力调节装置时的 β 线和 I 线

a)限压阀;b)比例阀;c)感载限压阀;d)感载比例阀

仅用在四轮驱动的控制系统中,它用来检测汽车制动时的减速度,以识别是否是冰雪等易滑路面。

(2)ABS 执行机构。ABS 执行机构主要由制动压力调节器和 ABS 警报灯组成。

(3)ABS 电脑。ABS 电脑接收传感器信号,比较各轮转速和汽车行驶速度,判断各车轮的

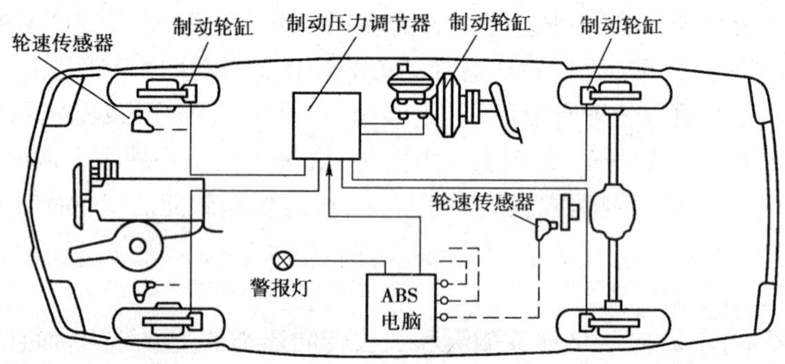

图 7-14　ABS 的组成

滑动情况后,向 ABS 执行机构下达指令来调节各车轮制动器的制动压力。当 ABS 出现故障时,ABS 电脑使警报灯点亮,同时切断通往执行机构的电源,使 ABS 停止工作。

2. 使用措施

1)合理装载

在行驶速度一定时,汽车的行驶惯性随载质量的增大而增大,因此制动距离会延长。此外,在汽车装载质量和装载方式不同时,由于汽车重心位置的变化,也会影响汽车制动时的方向稳定性。因此,在汽车使用中,应禁止超载,并保证装载均匀。

2)控制行驶速度

由制动距离的计算公式可知,制动距离随制动初速度的提高而增长。此外,随制动初速度的提高,制动器需要将更多的汽车惯性能量通过摩擦转化为热量,由于摩擦副的温度升高使制动器的热衰退增加,也会导致制动效能下降。因此,在汽车行驶中,应根据道路条件和行驶环境等适当控制车速,严禁超速。

3)充分利用发动机辅助制动

发动机辅助制动通常在减速制动或下坡需保持车速不变时使用。发动机的内部摩擦和泵气损失可用来消耗汽车行驶的惯性能量,起到辅助制动的作用。

4)提高附着系数

改善道路条件,提高其附着系数,是保证汽车制动效能充分发挥和提高制动时方向稳定性的有效措施。

5)驾驶技术对汽车制动性有很大影响。

制动过程中,若能保持车轮接近抱死而未抱死的状态,便可获得最佳的制动效果。此外,在紧急制动时,驾驶员踩制动踏板的动作越快,制动系的协调时间越短,可缩短制动距离。尤其在滑溜路面上,采用发动机辅助制动并适当控制车速等,尽量少踩制动,避免紧急制动,则可减小汽车制动侧滑或失去转向能力的可能性。

单元八　汽车燃料经济性

汽车的燃料经济性是汽车的主要性能之一，是指在保证动力性的条件下，汽车以尽量少的燃油消耗量经济行驶的能力。汽车的燃油消耗量越小，则它的燃油经济性越好。在汽车运输过程中，燃料消耗费用约占全部成本的20%～30%。降低汽车燃油消耗，可以节约能源，降低汽车运行成本，减少汽车对环境的污染，提高汽车的使用经济性。本单元主要讨论燃料经济的指标以及提高燃料经济性的主要措施.

课题一　汽车燃料经济性的评价指标

一、汽车燃料经济性的评价指标

汽车的燃料经济性常用一定运行工况下汽车行驶单位行程或完成单位运输周转量的燃料消耗量来表示，也可以用汽车消耗一定的燃料量能使汽车行驶的里程来衡量。下面主要介绍三种汽车燃料经济性的评价指标。

1. 单位行驶里程的燃油消耗量

我国和欧洲一般用百公里燃油消耗量作为汽车燃油经济性的评价指标。当燃油按质量计算时，用符号 Q_S 表示，单位为kg/100km；当燃油按容积计算时，用符号 Q_L 表示，单位为L/100km。

单位行驶里程的燃油消耗量是一个绝对值指标。它虽然是决定汽车燃油经济性的一个主要因素，但由于其只考虑了行驶里程，没有考虑车型与载重量的差别，所以只能用于比较同类汽车或同一辆汽车的燃油经济性，也可用于分析不同部件装在同一汽车上，对燃油经济性的影响。

根据不同的测试条件，百公里燃油消耗量可分为等速百公里燃油消耗量、多工况百公里燃油消耗量和一般道路百公里燃油消耗量三种。

等速百公里燃油消耗量是常用的一种评价指标，指汽车在一定载荷（我国标准规定轿车为半载、货车为满载）下，以最高挡在水平良好路面上等速行驶100km的燃油消耗量。常测出每隔10km/h或20km/h速度间隔的等速百公里消耗量，然后在图上连成曲线，即为等速百公里燃油消耗量曲线，如图8-1所示。表8-1为当前几种常见车型的等速行驶百公里燃油消耗量参数。

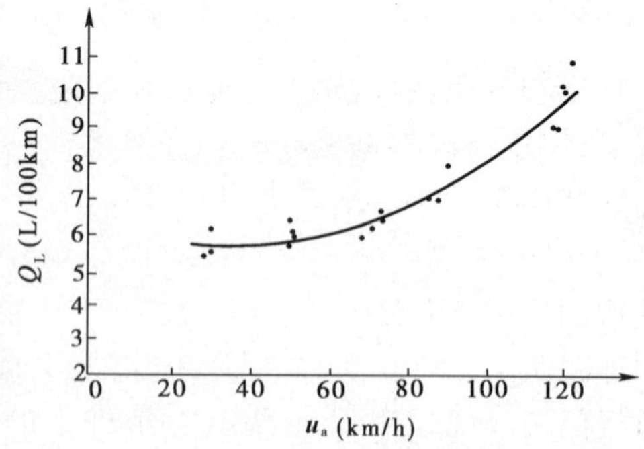

图8-1　汽车等速百公里燃油消耗量曲线

几种车型的 90km/h 等速行驶百公里燃油消耗量　　表 8-1

车型	别克 GL8	神龙富康 988EX	赛欧 SL	奥迪 A4-3.0	波罗 ALi	宝来 1.8-MT	夏利 2000
90km/h 等速百公里油耗（L/100km）	8.6	≤6.5	5.3（手动变速）、5.7（自动变速）	9.7	5.8	6.4	≤5

等速百公里燃油消耗量不能全面反映汽车的实际运行情况，特别不能反映出在市区行驶中频繁出现加速、减速、怠速、停车等工况时的油耗情况。为此，各国根据本国的道路、交通状况制定了一些典型的循环行驶试验工况来模拟汽车的实际运行工况，并以百公里燃油消耗量或以每加仑燃油可行驶的英里数（即 mile/gal）来评定相应行驶工况的燃油经济性。我国规定轿车按十五工况进行循环试验测定多工况百公里燃油消耗量。

2. 单位运输工作量的燃油消耗量

单位运输工作量的燃油消耗量用符号 Q_C 表示。当燃油按质量计算时，用符号 Q_{SG} 表示，载重货车的单位为 kg/(100t · km)，客车的单位为 kg/(1000 人 · km)；当燃油按容积计算时，用符号 Q_{LG} 表示，载重货车的单位为 L/(100t · km)，客车的单位为 L/(1000 人 · km)。

单位运输工作量的燃油消耗量是一个相对值指标，它可以用来比较不同类型和不同装载质量或不同载客量的汽车的燃油经济性。利用单位运输工作量的燃油消耗量，参考道路状况及其它修正参数，可以合理确定营运车辆的燃油消耗定额，进行汽车运输成本分析核算。

3. 消耗单位燃油所行驶的里程

消耗单位质量或单位容积的燃油所行驶的里程作为评价汽车燃油经济性的方法，被美国和英国等一些国家采用。其单位为 MPG 或 mile/gal，指的是汽车每消耗一加仑燃油能行驶的英里数。该数值越大，则汽车的燃油经济性越好。

二、汽车的燃油经济特性

汽车在实际行驶过程中，速度和道路阻力的变化是极为频繁的，因此研究汽车在不同道路阻力条件下单位行程燃油消耗量与速度的关系，对于分析和评价汽车的燃油经济性具有很现实的意义。汽车在某一档位和不同道路阻力系数 Ψ 时，单位行程燃油消耗量 Q_S 随行驶速度 v 变化的关系曲线，称为汽车的燃油经济特性，如图 8-2 所示。

汽车的燃油经济特性通常是通过道路试验的方法测得的，但也可以根据发动机台架试验时所测得的负荷特性曲线和汽车功率平衡图通过计算作出。

在图 8-2 中，每一条曲线对应于一定的道路阻力。最左边的虚线 AB 表示以一定档位的最低稳定车速行驶时不同道路阻力条件下的燃油消耗量；最上面的虚线 AC 表示节气门全开时以各个道路阻力条件下的最高车速行驶所达到的燃油消耗量。AB 和 AC 线形成了在该档位下的燃料经济特性界限线。

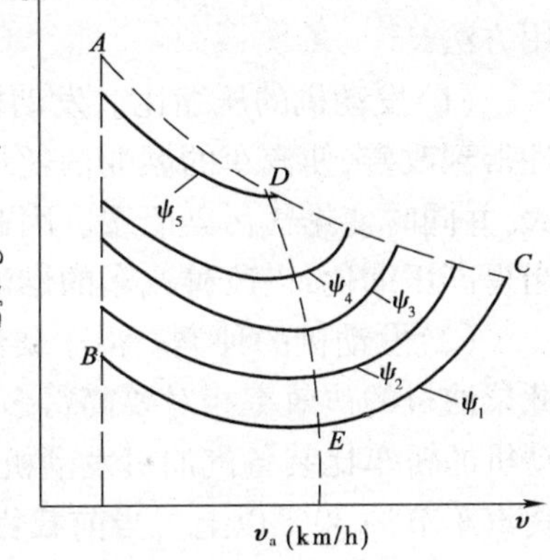

图 8-2　汽车的燃油经济特性

对于绝大多数车型来说，在每一种道路条件下，即相

对于某一 Ψ 值,都能找出一个最低燃油消耗量的经济车速,如图 8-2 中的 D、E 等。若将各曲线上的最低点连成虚线 DE,可用来表示不同道路阻力时最低燃料消耗量与经济车速的关系。

从图 8-2 中可知,当汽车以经济车速行驶时,则其百公里燃油消耗量将是最低的。因此为使汽车具有良好的燃油经济性,要求汽车燃料经济特性曲线上的最低燃油消耗量越低越好,而且要尽量接近于常用车速。同时,还希望曲线的弯度要平缓,即燃油消耗量随车速的变化量要小,这样,汽车在不同行驶速度下的燃油消耗量的差异就较小,使汽车在实际行驶中便具有良好的燃油经济性。柴油车的燃油特性曲线的弯度一般要比汽油车平缓得多,则说明柴油车偏移经济车速时的燃油消耗量和经济车速时的燃油消耗量较为接近,它在广泛的速度范围内具有良好的燃油经济性,这正是柴油车燃油经济性比汽油车优越的一个重要因素。柴油载货汽车的燃油消耗量一般比汽油载货汽车要低三分之一强,因此它是一种较为理想的交通运输工具。

汽车在实际运用时,应尽可能以经济车速运行,以求在汽车实际行驶中的燃油消耗量最低,从而获得最佳的燃油经济性。但有时由于经济车速较低,会使汽车的运行效率有所降低,在此情况下若能适当提高车速,可提高运行效率,而单位行程或单位运输工作量的燃油消耗量增加不多,其它的成本费用却有所降低,则对汽车的使用经济性还是有利的。

课题二　提高汽车燃料经济性的措施

一、影响汽车燃料经济性的主要因素

汽车的燃油经济性主要取决于发动机的有效燃油消耗率、汽车行驶阻力及汽车的传动效率。在实际运行过程中,汽车的燃油经济性还与车辆的技术状况、运行条件和使用情况有关。影响汽车燃油经济性的因素主要表现在以下三个方面:

1. 汽车结构对燃油经济性的影响

1)汽车发动机对燃油经济性的影响

发动机的能量损耗占燃油化学能的 65% 左右。因此发动机是对汽车燃油经济性最有影响的部件。发动机能量转换的效率取决于发动机的种类、设计和制造水平、负荷率的大小及使用方法。

(1)发动机的压缩比。发动机的压缩比提高,则热效率增加,能使发动机的动力性和经济性得到改善,使汽车的燃油消耗量降低。但对于汽油机来说,压缩比过高会引起爆燃和表面点火,并同时使排气污染严重。因此汽油汽车只能在控制发动机爆燃,满足排放要求的前提下适当提高压缩比,以改善汽车的燃油经济性。

(2)发动机的种类。由于柴油机的燃烧方式是压缩燃烧,其压缩比要比汽油机高得多,因此柴油机的热效率相对要高得多,而其燃油消耗要低得多。试验和使用证明,一般装备柴油发动机的轿车比装备汽油机发动机的轿车节油 18%,柴油发动机的载货汽车比汽油发动机的载货汽车节油 30% 以上。当前载货汽车 90% 以上均采用柴油发动机,西欧柴油轿车的市场份额已占到 20% 以上。在我国,柴油轿车的推广也开始起步。

虽然汽油发动机燃油消耗量较高,但因其重量轻,加速性能较好,尤其是现代汽油机采用

了比较成熟的燃油喷射技术，在一定程度上降低了燃油消耗量，使得汽油机在轿车上仍然有广泛的应用。

(3)发动机的负荷率。发动机负荷率通常是指发动机阻力矩的大小。由发动机的负荷特性可知，在转速一定的情况下，负荷率较高时，有效燃油消耗率较低；发动机在中等转速、较高负荷时，其燃油消耗率最低，经济性较好。一般汽车在水平良好路面上以正常速度行驶时，只用到最大功率的20%左右，大部分时间都处于较低的负荷率下工作。因此，从节约燃油，提高燃油经济性的目的出发，汽车应合理匹配合适功率的发动机，在行驶条件许可的条件下，不应盲目追求汽车配置大功率的发动机。

(4)发动机的燃烧过程。改进燃烧室形状，采用稀薄混合气分层燃烧技术，利用电控燃油喷射系统精确控制供油量等措施，可以改善发动机的燃烧过程，提高发动机的热效率，从而使发动机既能提高燃油经济性，又能降低排放污染。

2)传动系对燃油经济性的影响

汽车传动系的挡位数、传动比、传动系效率对汽车的燃油经济性有很大的影响。

(1)变速器的挡位数。当变速器的挡位数增多时，利于驾驶员根据汽车行驶阻力的变化选择合适的挡位，使发动机处于经济工况的机会增多，利于汽车燃油经济性的提高；但过多的挡位数，会使变速器或传动系结构复杂，操作不便，同时过于频繁的换挡不仅会增大驾驶员的工作强度，而且因换挡时需短暂切断动力传输而使燃油浪费，影响汽车燃油经济性的提高。因此变速器的挡位数应在经过全面考虑后进行合理选择。

采用自动变速器的车辆虽然简化了操作过程，但由于自动变速器的液力耦合器部分的传动效率较低，制约了汽车的燃油经济性，因此这类车辆的燃油经济性并不是最好的。

(2)超速档的应用。为改善汽车在水平良好道路上行驶时的燃油经济性，对于主减速器传动比取值较大的汽车，可以设置一个传动比小于1的超速挡，以提高汽车中速行驶时发动机的负荷率，改善汽车的燃油经济性。

(3)主减速器传动比的影响。在一定的行驶条件下，传动系的传动比越小，则汽车在运行时发动机的负荷率越大，汽车的燃料经济性也越高。但若减速器传动比过小，会导致车辆运用中经常使用低档位行驶，使最小传动比的利用率降低，反而会导致燃油消耗率增加。因而经常在良好道路上行驶的汽车可选用较小的主减速器传动比。

(4)传动系的机械效率。传动系的机械效率越高，则发动机功率在传输过程中的损失越小，汽车的燃油经济性也就越好；反之亦然。

3)汽车总质量对燃油经济性的影响

汽车的滚动阻力、坡道阻力和加速阻力都和汽车的总质量成正比。当汽车的载质量或拖挂总质量增加时，会使汽车的单位行程燃油消耗量增加；但随汽车载质量的增加将使发动机的负荷率提高，汽车的燃油经济性也随之提高，从而使得汽车单位工作量的燃油消耗量降低。因此减少汽车自身质量和增大汽车载质量或拖带挂车，都能改善汽车的燃油经济性。

4)汽车外形和轮胎对燃油经济性的影响

改善汽车的外形，可以减小空气阻力，有利于提高汽车的燃油经济性，尤其对于高速行驶汽车来说，燃油经济性的改善效果将更为明显。

合理选用轮胎，有利于减小汽车的滚动阻力系数，从而提高汽车的燃油经济性。

2. 汽车运行条件对燃油经济性的影响

道路状况、海拔高度、气候条件等运行条件对汽车燃油经济性有较大的影响。不同的道路等级和道路状况,汽车的行驶阻力存在很大的差异性。道路等级越低,汽车的行驶阻力越大,汽车运行时的燃油消耗量就大,则汽车的燃料经济性就差;若汽车在交通繁杂、交叉路口较多的条件下行驶,则汽车出现制动、加速、停车、起步等工况的几率也就增多,会使汽车的燃油消耗量增大,降低汽车燃油经济性。当气温过高时,发动机的充气量将降低,发动机容易过热,也会使发动机的有效功率降低,汽车燃油经济性下降;随海拔高度的增加,大气压力降低、空气稀薄,发动机的充气量也将随之下降,影响发动机的正常燃烧而使汽车的燃油经济性下降。

3. 汽车使用因素对燃油经济性的影响

同样的运行条件下,对于同一型号的汽车来说,其在实际运行中的燃油经济性也是不同的,这主要受汽车的技术状况和汽车驾驶及使用技术水平的影响。

二、提高汽车燃料经济性的主要措施

提高汽车的燃料经济性,须从车辆选购、使用、维护、修理、改造、报废全过程加以控制,并积极推广应用有效的节油技术。

1. 合理选购车型

在选购车辆时,应充分考虑当地的运输市场情况和道路运输条件,根据主要承担的运输任务的性质、运量、运距、道路、气候等条件,合理选配车辆的型号。

2. 正确使用车辆

在车辆的使用中为提高汽车的燃油经济性,应充分利用汽车的载重量,尽可能提高发动机的负荷率、汽车的实载率以及汽车的行程利用系数。合理组织运输任务,根据运输任务的不同,合理调配车辆;不随意增加车辆的附属装置,尽可能减轻车辆的自重。

在车辆的使用中,也可采取相应的技术措施以提高燃油经济性。在高原行驶的车辆,可加装增压设备或通过适当提高压缩比等方法改善发动机的燃烧性能,提高汽车的燃油经济性;在严寒地区行驶的车辆,可通过加装发动机的保暖设施,减小发动机的热量损失,提高其功率转换率,从而降低汽车的燃油消耗。

3. 正确选用燃油和润滑油

要按车辆使用说明书的规定选用燃油牌号。如选择汽油的牌号过低,容易引发发动机爆燃,而选择汽油的牌号过大,不仅会增加费用,而且使可燃混合气的燃烧迟缓,影响发动机的功率转化率,将降低汽车的燃油经济性。同样,柴油的牌号选用不合理,也会导致汽车的燃油经济性降低,增加汽车的使用成本。

使用燃油节能添加剂也是提高汽车燃油经济性的一个有效措施。目前市场上出售的燃油添加剂主要以含清净分散剂、抗焦剂等成分为主,其节油效果达3% ~6%,可减少排放20%左右。

润滑油的选用也应按照车辆使用说明书的规定进行选用。除此之外,在润滑油中加入合适的摩擦改进剂也不失为一项减少摩擦、节约燃料的有效措施。当前运用这一措施的节油率一般可达到1% ~4%。

4. 使用子午线轮胎

汽车轮胎的选用，主要影响汽车的动力性和经济性。子午线轮胎具有比斜交胎能耗少、滚动阻力小、缓冲性能好、安全性好以及使用寿命长等优点，尤其是它的滚动阻力较斜交胎约低25%～35%，节油可达6%～10%。但应注意，子午线轮胎不得在同一车轴上与普通轮胎混合使用。

5. 加强维护，及时修理，保持车辆良好的技术状况

美国佐尔顿研究中心为研究车辆的技术状况对燃油消耗的影响，专门对Vauxhall Victor轿车做过系列试验。其试验结果如图8-3所示。从图8-3中可知，保持车辆良好的技术状况对提高汽车的燃油经济性起着至关重要的作用。

6. 正确操作使用车辆

有利于提高汽车燃油经济性的正确驾驶操作主要有：

1）预热保温

试验结果表明，发动机冷起动（冬季）预热比不预热可降低油耗20%～40%，且不预热的发动机气缸的磨损率也大；在行驶中，发动机工作温度正常与否，油耗相差可达12%～15%。

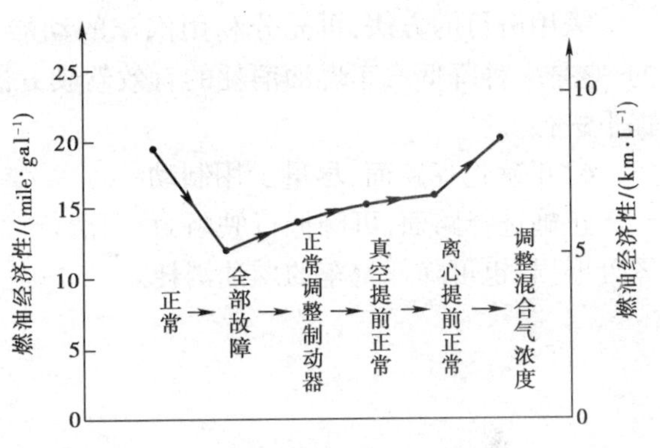

图8-3 Vauxhall Victor轿车燃油经济性试验

表8-2所示为：节气门开度不变，发动机温度与转速变化的对比。表8-3所示为：汽车起步时发动机温度与油耗变化的对比。从上述两表所列的数据表明，汽车在起步时和行驶中能否保持正常的工作温度，对汽车的油耗会产生明显的影响。

发动机温度与转速变化的对比 表8-2

发动机温度（℃）	80～93	60～65
发动机转速（r/min）	1251	973

起步温度与油耗变化的对比 表8-3

起步发动机温度（℃）	40	60	80
行驶575m油耗（L）	1	0.6	0.4

因此在冬季冷车起动时，可采用热水预热、蒸汽预热等方法提高发动机及冷却水温度，便于发动机起动，节约燃油。汽车在行驶过程中应注意和控制行车温度，使之保持在正常的工作温度范围内，也能提高汽车的燃油经济性。

2）选用经济车速，尽可能保持发动机中速运转

从图8-1所示的汽车等速百公里燃油消耗量曲线表明，汽车在中速行驶时，百公里油耗最低；高速时，随车速的提高，百公里油耗迅速增加；低速时，百公里油耗随车速降低也呈增加趋势。试验表明一般低速行驶比经济车速行驶的油耗增加8%左右，而高速行驶比经济车速油耗增加10%～12%。因此汽车在行驶中，应根据不同路况，合理选择档位，使发动机尽可能处于中等转速较高负荷下运行，接近最佳的经济工况。在一般道路上，车辆应以经济车速行驶，以降低汽车的燃油消耗。

3)正确选择档位

在一定的道路上,汽车用不同的档位行驶时,油耗是不一样的。能在高档行驶时,不应换用低档。如果需用低、中档行驶,也要尽量按不同档位的经济车速行驶,以提高汽车使用的燃油经济性。

4)快速换档

汽车加档时,快速换档可避免发动机转速下降,能充分利用发动机功率和小的比油耗区域,缩短由低档到高档的加速时间,收到节油的效果。汽车上坡减档也要做到及时迅速。

5)合理滑行

采用滑行的方法,可充分利用汽车的动能使汽车行驶一段行程,达到减少燃油消耗的目的,它是一种降低汽车燃油消耗的有效驾驶方法。要注意的是汽车滑行必须在确保安全的前提下进行。

6)正确选择路面,尽量少用制动

正确选择路面,可降低行驶阻力;用滑行代替制动,可充分利用汽车的动能,既可减少汽车零件磨损,也可降低汽车的燃油消耗。

单元九 汽车的操纵稳定性

汽车的操纵稳定性是指在驾驶者不感到过分紧张和疲劳的情况下,汽车抵抗各种外界干扰并遵循驾驶者通过转向控制机构而给定的方向保持稳定行驶的能力。汽车的操纵稳定性包括操纵性和稳定性两部分。操纵性是指汽车能够确切响应驾驶员转向指令的能力;稳定性是指汽车在行驶中能抵抗外界干扰并保持稳定行驶的能力。操纵性的丧失往往导致整车侧滑、回转,甚至翻车;而稳定性的破坏往往使汽车失去平衡,处于危险状态。因此汽车的操纵性和稳定性是相互依赖、密切关联的。本单元主要分析汽车的纵向和横向稳定性,转向特性和前轮定位与转向轮稳定效应等问题。

课题一 汽车的纵向和横向稳定性

一、汽车的稳定性

从汽车的运用角度分析,汽车的稳定性表示汽车在行驶中抵抗纵向倾覆和侧向滑移的一种能力。汽车的稳定性越好,则汽车在行驶中越不易发生纵向的倾覆和侧向的滑移。在实际中,汽车在纵向行进方向的稳定能力和左右侧向方位的稳定能力是存有差异性的,所以按汽车稳定能力的方位分,汽车稳定性可分为汽车的纵向稳定性和横向稳定性。

二、汽车的纵向稳定性

汽车在上下坡或运动状态改变时,抵抗纵向倾覆的能力称为汽车的纵向稳定性。

汽车在行驶过程时,随着运动状态的改变,作用在汽车车轮上的径向反作用力也发生着相应的变化。若其前轮的径向反作用力为零时,则汽车前轮的偏转就不能确定汽车的行驶方向;当驱动轮的径向反作用力为零时,根据附着条件,牵引力将不再存在,则汽车就将丧失行驶能力。这两种情况均使汽车的行驶稳定性遭受破坏,甚至造成汽车的纵向倾覆。当汽车前轮的径向反作用力为零时,汽车就会绕后轴倾覆;反之,当汽车后轮的径向反作用力为零时,汽车就会绕前轴倾覆。

如图 9-1 所示,为汽车上坡时的受力图。假设汽车在硬支撑路面上以较低的速度上坡,后轮驱动。由于汽车上坡时为较低的等速行驶状态,与坡道阻力相比较,空气阻力、加速阻力、滚动阻力的数值均较小,可忽略不计。

分别对前轮着地点、后轮着地点取力矩,经整理后可得

$$F_{Z1} = \frac{bG\cos\alpha - h_g G\sin\alpha}{L}$$

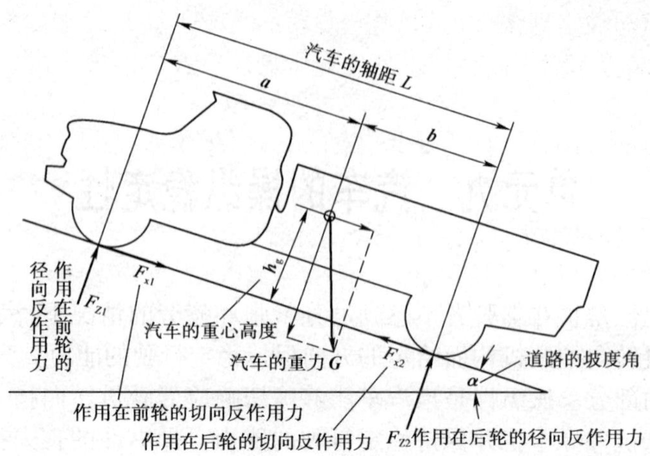

图 9-1　汽车上坡时的受力图

$$F_{Z2}=\frac{aG\cos\alpha-h_gG\sin\alpha}{L}$$

当前轮的径向反作用力 $F_{Z1}=0$ 时,即汽车在上坡时发生绕后轴倾覆的情况。因此以 $F_{Z2}=0$代入前式可得汽车不纵向倾覆的最大坡度(汽车发生纵向倾覆的临界坡度),即

$$\tan\alpha_{max}=\frac{b}{h_g}$$

若考虑汽车在上坡时驱动轮滑转的可能性,对于后轮驱动的汽车,其驱动轮不发生滑转的临界状态为

$$F_{tmax}=G\sin\alpha_{\varphi max}=F_{Z2}\varphi$$

式中:$\alpha_{\varphi max}$——后轮不发生滑转所能克服的最大道路坡度角。

经整理可得汽车后轮不发生滑转所能克服的最大道路坡度,即

$$\tan\alpha_{\varphi max}=\frac{a\varphi}{L-\varphi h_g}$$

在汽车上坡时,当道路的坡度角 $\alpha>\alpha_{max}$时,汽车即会失去操纵并可能发生绕后轴的倾覆。若在汽车发生纵向倾覆前,驱动轮先发生滑转,则汽车就不能再继续上坡,这也就能有效避免汽车的纵向倾覆,保证行车安全。因此在汽车上坡时,让驱动轮的滑转发生在其开始驶入倾覆的临界坡度之前,是确保汽车不发生纵向倾覆的安全条件,即

$$\tan\alpha_{\varphi max}<\tan\alpha_{max}$$

经整理后得

$$\frac{b}{h_g}>\varphi$$

该式即为后轮驱动的汽车保证纵向稳定性的条件。

同样,我们也可分析出其它情况下保证汽车纵向稳定性的条件:

前轮驱动汽车的纵向稳定性条件:$L>0$;

全轮驱动汽车的纵向稳定性条件:$\frac{b}{h_g}>\varphi$。

通过上述汽车纵向稳定性条件可知，前轮驱动的汽车上坡时是永远不可能会有纵向倾覆现象发生；而全轮驱动汽车的纵向稳定性条件与后轮驱动汽车相同。其中 b/h_g 称为汽车的纵向稳定性系数。

针对汽车下坡时的纵向稳定性条件，同样也可就后轮驱动、前轮驱动和全轮驱动得出相应的结论。

总之，汽车重心至驱动轴的距离越大，重心高度越低，则对汽车的纵向稳定性越有利。由于现代汽车的重心位置较低，一般能满足汽车纵向稳定性的要求。但对于越野车，其重心高度较大，轴距又往往较短，纵向稳定性相对要弱一些，因此越野车因条件的特殊需爬越陡坡的时候，尤其不能忽视它的纵向稳定性。同时应指出的是，在实际行车中货物装载的高度、位置及车速的变化，都会造成汽车重心的改变而影响着汽车的纵向稳定性。

三、汽车的横向稳定性

汽车在横向坡度路面或转弯行驶时，或者在行驶中受到其它侧向力作用的情况下，汽车能抵抗侧向倾覆和侧滑的能力，称为汽车的横向稳定性。

汽车在行驶时，常受到侧向力的作用。侧向力有重力的侧向分力、汽车转弯行驶时所产生的离心力、侧向风力和不平道路的侧向冲击力等多种。汽车在侧向力的作用下，当车轮的侧向反作用力达到车轮的附着力时，汽车将沿侧向力的作用方向发生滑移；侧向力同时将引起左右车轮的径向反作用力的改变，当一侧车轮上的径向反作用力变为零时，将会使汽车发生侧向倾覆。

如图 9-2 所示为汽车在横向坡道路面上作等速行驶时的受力图。随着横向坡度角 β 的增大，作用在汽车右轮的径向反作用力 F_{ZR} 将减小，当 $F_{ZR}=0$ 时，则汽车处于侧向倾覆的临界状态。此时有相应的关系式

$$G\cos\beta \cdot \frac{\beta}{2} = G\sin\beta \cdot h_g$$

经整理可得汽车不发生侧向倾覆的最大横向坡度（汽车发生侧向倾覆的临界坡度）

$$\tan\beta_{max} = \frac{B}{2h_g}$$

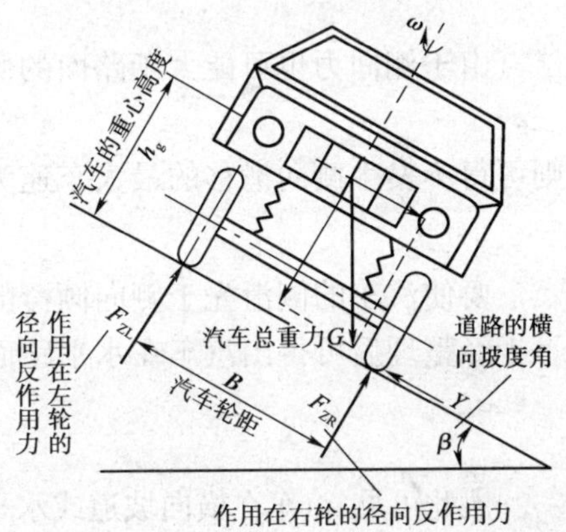

图 9-2　汽车在横向坡道上行驶的受力图

由于汽车在横向坡道上行驶时，重力所产生的侧向分力也有使汽车产生侧向滑动的可能，即当车轮的侧向反作用力达到或超过侧向附着力时，汽车沿侧向力的作用方向发生滑移。汽车在横向坡道上不发生滑移的临界状态为

$$G\cos\beta_{\varphi max} \cdot \varphi = G\sin\beta_{\varphi max}$$

式中：$\beta_{\varphi max}$——汽车不发生滑转的最大横向坡度角。

经整理可得汽车不发生滑转的最大横向坡度，即

$$\tan\beta_{\varphi max} = \varphi$$

为避免汽车在横向坡道行驶时发生侧向倾覆，应使侧滑先于侧向倾覆的发生，即应满足以

下关系

$$\tan\beta_{max} > \tan\beta_{\varphi max}$$

经整理后得

$$\frac{B}{2h_g} > \varphi$$

该式即为汽车在横向坡道等速行驶时保证横向稳定性的条件。

图9-3为汽车在水平路面上高速转弯行驶时的受力图。随着车速提高和转弯半径的减小，离心力 F_j 增大。当离心力与重力 G 的合力 F 作用线通过外侧车轮与地面的接触线时，内侧车轮对地面的作用载荷为零（即 $F_{Zi}=0$），则汽车处于侧向倾覆的临界状态。此时有相应的关系式

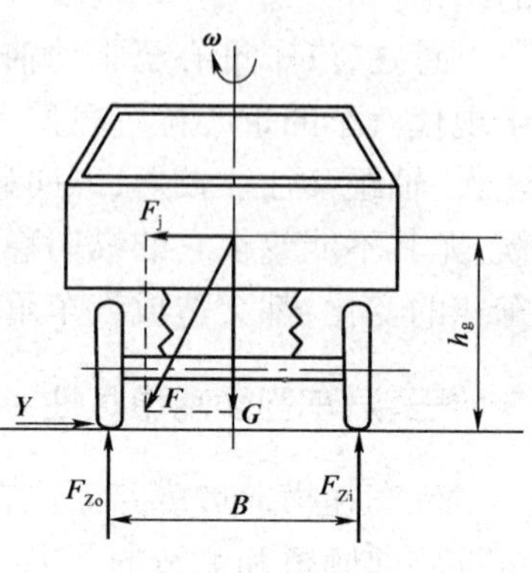

图9-3　汽车转弯行驶的受力图

$$F_j \cdot h_g = G \cdot B/2$$

而

$$F_j = Gv^2/R$$

式中：v——汽车行驶速度；

R——汽车转弯半径。

则可得不发生侧向倾覆的最大车速为

$$v_{max} = \sqrt{\frac{gRB}{2h_g}}$$

由于侧向力也可能大于路面的侧向附着力而使汽车产生侧滑，侧滑临界状态时的关系式

$$F_c = G \cdot \varphi$$

则可得不发生侧向滑移的最大车速为

$$v_\varphi = \sqrt{gR\varphi}$$

要使汽车的侧滑先于侧向倾覆的发生，即应满足 $v_{max} > v_\varphi$

经整理后可得出汽车在水平路面转弯行驶时保证横向稳定性的条件

$$\frac{B}{2h_g} > \varphi$$

由此可见，汽车在横向坡道或水平弯道路面行驶时的横向稳定性条件是相同的。在结构上通过合理增大轮距 B，降低重心高度 h_g，有利于提高汽车的横向稳定性。汽车横向稳定性条件中的比值 $B/2h_g$，称为汽车的横向稳定性系数。横向稳定性系数越大，则说明汽车在横向的稳定性越好，其抵抗侧向倾覆和侧向滑移的能力越强。表9-1所示为几种汽车的横向稳定性系数值。

汽车侧翻只能在附着系数大于横向稳定性系数的道路上才能发生。一般汽车即使处于 φ 值较大的干燥沥青或水泥路面上行驶时（φ 值为0.7～0.8），大多也能满足汽车横向稳定性条件。但在实际使用中，当重心提高（如用底盘较高的汽车装运大量的轻泡物，或自卸车卸货时），或汽车在运行时受到的侧向力过大（如转动转向盘过急，将装载的物品偏置车厢一侧）时，就有可能不能满足汽车横向稳定性条件，汽车仍可能发生横向倾覆。因此在汽车设计和使用中，应尽可能降低汽车的重心高度。

几种汽车的横向稳定性系数　　　　表 9-1

车辆类型	重心高度(cm)	轮距(cm)	横向稳定性系数
跑车	46～51	127～154	1.2～1.7
微型轿车	51～58	127～154	1.1～1.5
豪华轿车	51～61	154～165	1.2～1.6
轻型客货两用车	76～89	165～178	0.9～1.1
客货两用车	76～102	165～178	0.8～1.1
中型货车	114～140	165～190	0.6～0.8
重型货车	154～216	178～183	0.4～0.6

从表 9-1 所列的汽车横向稳定性系数可得知：中、重型载货车由于其横向稳定性系数偏小，有可能在汽车尚未达到侧滑时先行发生侧向倾覆，所以在驾驶中、重型载货汽车时，尤其应重视汽车的横向稳定性。

课题二　汽车的稳态转向特性

一、轮胎的侧偏特性及其影响因素

汽车充气轮胎在径向和侧向具有弹性。轮胎在滚动时，受到侧向力的作用，将会产生侧向变形而引起轮胎的侧向行驶偏离现象。

1. 轮胎的侧偏现象

汽车在行驶过程中，由于路面的横向倾斜而使汽车重力产生横向分力、曲线行驶时的离心力或侧向风等的作用，车轮中心将在垂直于车轮平面方向作用有侧向力 F_y，而地面对轮胎则产生与 F_y 大小相等、方向相反的一个反作用力 Y，通常将该反作用力称为轮胎的侧偏力。如图 9-4 所示。

若轮胎是刚性的，汽车在行驶过程中受到侧向力作用时，则会产生两种情况：(1) 当轮胎的侧偏力小于轮胎与地面间的附着力时，轮胎与地面间将无侧滑现象发生，如图 9-4a) 图所示；(2) 当轮胎的侧偏力达到轮胎与地面间的附着极限时，轮胎将产生侧向滑移，如图 9-4b) 所示。

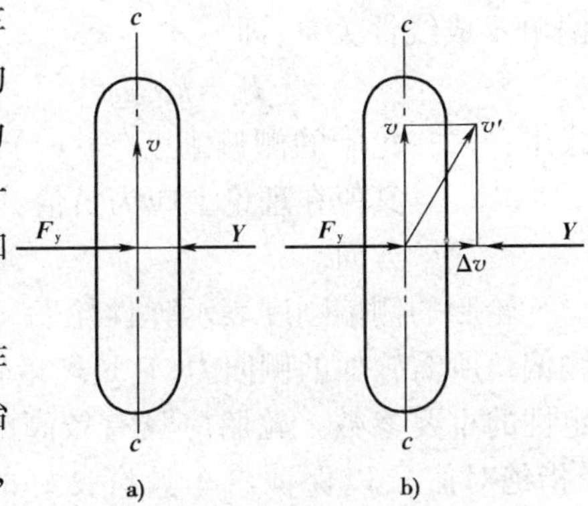

图 9-4　有侧向力作用时刚性车轮的滚动
a) 没有侧向滑移；b) 有侧向滑移

当轮胎具有侧向弹性时，受到侧向力的作用会产生侧向变形，此时即使侧偏力未达到附着极限，车轮行驶的方向也将偏离车轮平面 cc 方向，这就是轮胎的侧偏现象，如图 9-5 所示。

2. 轮胎的侧偏特性

车轮侧偏现象产生的前提是车轮中心受到侧向力的作用，通常情况下车轮还同时受到车辆垂直载荷的作用。当车轮静止不动时，具有侧向弹性的车轮在侧偏力的作用下，会发生侧向变形，轮胎与地面之间接触印痕的中心线 aa 与车轮平面 cc 不重合，偏离 Δh，但 aa 仍与 cc 平行，如图 9-5a）所示。当已产生侧向变形的轮胎滚动时，轮胎与地面之间的接触印痕的中心线 aa 不仅偏离车轮平面 cc，而且不再与车轮平面 cc 平行，aa 与 cc 间形成一个夹角，该夹角 α，即称为轮胎的侧偏角，如图 9-5b）所示。

为了说明出现侧偏角的原因，可在轮胎胎面的中心线上标上 A_1、A_2、A_3…各点，随着车轮向前滚动，各点将依次落在地面上 A'_1、A'_2、A'_3…各点上。从图中可看出，落在地面上的 A'_1、A'_2、A'_3…各点的连线 aa 是一条斜线，不平行 cc 线，与 cc 线形成 α 的夹角。若随着侧偏力的增大，轮胎与地面的接触印痕的中心将更偏离轮胎胎面的中心，那么所形成的 aa 连线与 cc 线间的夹角也将随之增大。因此侧偏角的大小与轮胎的侧偏力有着密切关系。轮胎侧偏角随侧偏力变化而变化的关系，称之为轮胎的侧偏特性。

由于实际轮胎侧偏现象出现的程度受到多方面因素的影响。因此，轮胎的侧偏特性通常是通过试验来测定的。如图 9-6 所示，是一条由试验测得的红旗轿车轮胎侧偏特性曲线。从该曲线可以看出，侧偏角小于 5°时，侧偏力 F_y 与侧偏角 α 成线性关系，即

$$F_y = k\alpha$$

式中：k——轮胎的侧偏刚度（N/(°) 或 N/rad），其值在理论上应为负值，以表示力的方向。

轮胎的侧偏刚度表示弹性轮胎每产生 1°的侧偏角所需施加的侧向力，它是衡量轮胎操纵稳定性的重要参数。轮胎应具有较高的侧偏刚度（指绝对值），以保证汽车具有良好的操纵稳定性。

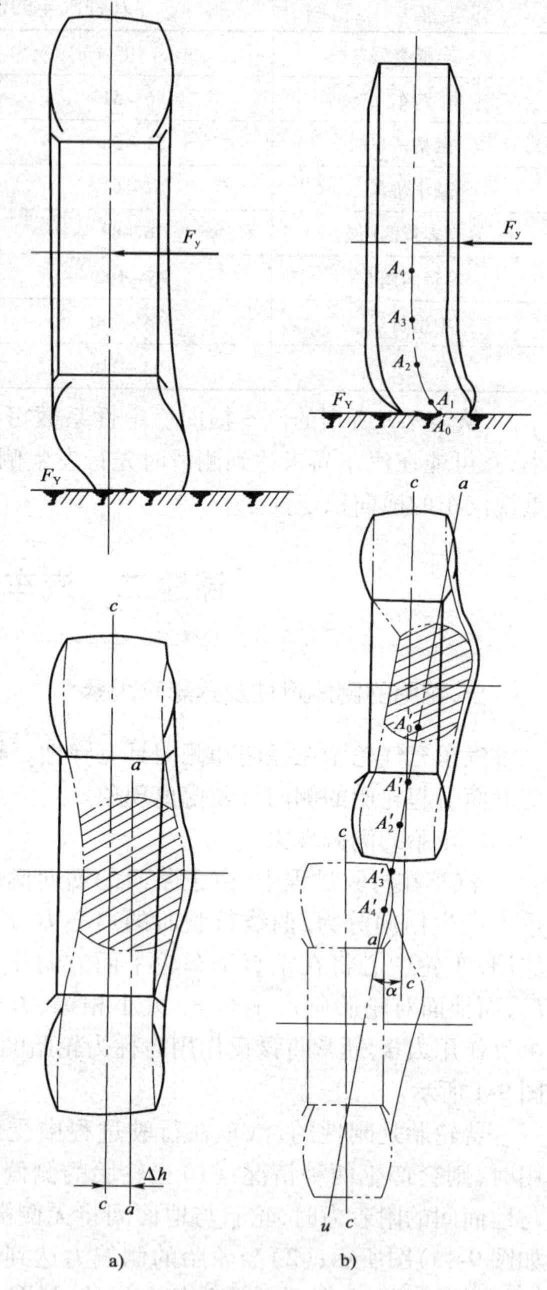

图 9-5　弹性轮胎的侧偏现象

a）静止；b）滚动

从图 9-6 还可以看出，在较大侧偏力作用下，侧偏角以较大速率增长，侧偏力与侧偏角的关系由直线变为曲线，且曲线的斜率逐渐减小，这时轮胎与地面间已发生部分滑移。最后，当侧偏力达到轮胎与地面间的附着极限时，整个轮胎则发生滑移。显然，轮胎的最大侧偏力取决于轮胎的附着条件，即垂直载荷、轮胎花纹、材料、结构、气压、路面材料、路面潮湿程度及车轮的外倾角等。一般来说，轮胎的最大侧偏力越大，则轮胎的极限性能越好。

表 9-2 所示，为几种轮胎的侧偏刚度值。

3. 轮胎侧偏特性的影响因素

1）轮胎的结构

轮胎的尺寸、形式及结构参数对轮胎的侧偏刚度有着显著影响。从表 9-2 可看出，轮胎的尺寸越大，则侧偏刚度 k 越大。因此尺寸较大的轮胎具有较高的侧偏刚度。子午线轮胎接地面宽，其侧偏刚度要比相同尺寸的斜交胎高；而钢丝子午线轮胎的侧偏刚度要比尼龙子午线轮胎高。同一型号、同一尺寸的轮胎，其帘布层越多、帘线与轮胎平面的夹角越小，轮胎承压能力越大，则轮胎的侧偏刚度越高。

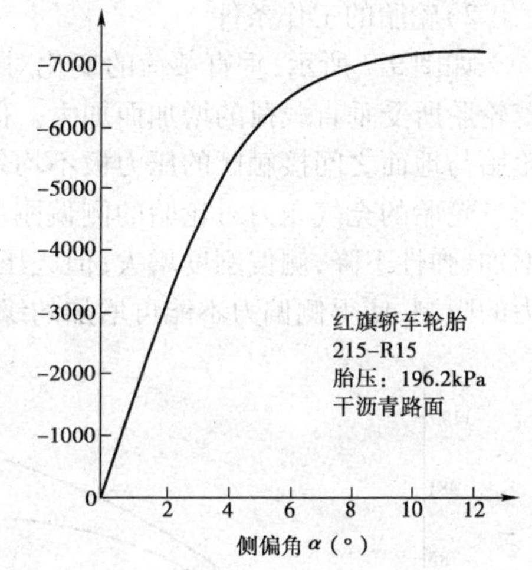

图 9-6　轮胎的侧偏特性

轮辋的型式对轮胎的侧偏刚度也有影响。装有宽轮辋的轮胎，其侧偏刚度较大。

轮胎的扁平率是指轮胎的断面高度 H 与宽度 B 的比值（即 $H/B \times 100\%$）。轮胎的扁平率越小，则其侧偏刚度越大。采用扁平率小的宽轮胎是提高侧偏刚度的主要措施。从图 9-7 中可以看出，扁平率为 60% 的 60 系列轮胎与扁平率相对较大的其它系列轮胎比较，60 系列轮胎明显在侧偏刚度上有了大幅度的提高。

几种轮胎的侧偏刚度值　　表 9-2

轮胎	车轮载荷（N）	轮胎气压（kPa）	侧偏刚度［N/（°）］
5.20-13	2452	1×10^4	312
6.00-13	2943	8.75×10^4	309
6.40-13	3924	1.06×10^4	360
165R14	3924	1.2×10^4	555
175HR14	3433	1.25×10^4	670
5.60-15	2943	1.13×10^4	512
155SR15	3924	1.31×10^4	507
6.50-16	5886	1.56×10^4	861
9.00-20	19620	3.42×10^4	2316
9.00R20	19620	3.42×10^4	2936
11R22.5	16180	4.84×10^4	1969
12.00-20	29430	4×10^4	3270

2）轮胎的工作条件

如图 9-7 所示，垂直载荷的变化对轮胎的侧偏特性有显著影响。通常轮胎的侧偏刚度随着轮胎所受垂直载荷的增加而加大。但当垂直载荷过大时，轮胎会产生剧烈的径向变形，使得轮胎与地面之间接触区的压力极不均匀，反而使轮胎的侧偏刚度减小。

轮胎的充气压力对轮胎的侧偏刚度也有显著影响。由图 9-8 可知，轮胎随着充气压力的增加，弹性下降，侧偏刚度增大；但气压过高后，则侧偏刚度不再变化，这是由于轮胎受到附着力的限制，使得侧偏力不能再增加的缘故。

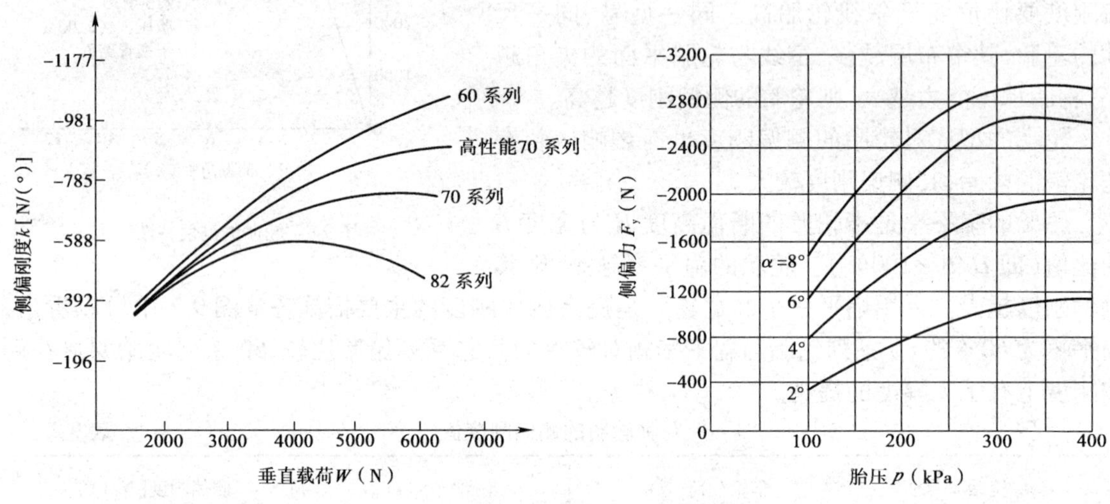

图 9-7　几种不同扁平率子午线轮胎的侧偏刚度与载荷的关系曲线

图 9-8　轮胎充气压力对侧偏刚度的影响

轮胎在实际工作中常同时作用有侧向力和切向力，影响轮胎的侧偏特性。在一定侧偏角下，驱动力增加，侧偏力减小，这是由于轮胎的侧向弹性在驱动力增加后发生了改变。当驱动力相当大，以至于接近轮胎与地面的附着极限时，轮胎的侧偏力将显著下降并变得很小。车轮在制动时也有同样的变化。随着轮胎上的驱动力或制动力的减小，都会使轮胎的侧偏刚度有所增大。

路面的材料及其粗糙程度、干湿状况对轮胎的侧偏特性，尤其是最大侧偏力有很大的影响。如果路面上有一层薄冰时，轮胎侧偏力趋于零，完全丧失侧偏能力；反之，随着轮胎与地面的附着条件的改善，轮胎的最大侧偏力将得到增大。

汽车的行驶速度对轮胎的侧偏刚度影响很小。

二、汽车的稳态转向特性

等速直线行驶的汽车，当转向盘突然转过一定角度保持不变，汽车即迅速进入等速圆周行驶状态，并且不随时间而改变，这种稳态响应称之为汽车的稳态转向特性。

1. 刚性车轮转向时的几何关系

图 9-9 为刚性车轮的汽车转向运动简图。汽车转向行驶借助于转向轮的偏转，由于是刚性车轮，则车轮的速度矢量应处于车轮本身的平面内。为使汽车转向时所有的轮胎均保持纯滚动，减少轮胎磨损和提高汽车行驶的稳定性，则汽车的所有轮胎必须在同一瞬时围绕同一转

向中心作曲线运动,此时汽车的内外轮应满足以下关系

$$\cot\delta_1 - \cot\delta_2 = \frac{d}{L} \approx \frac{B}{L}$$

式中:δ_1、δ_2——前外轮、前内轮的转角(°);

d——左、右转向节主销中心的距离,m;

L——轴距,m;

B——轮距,m。

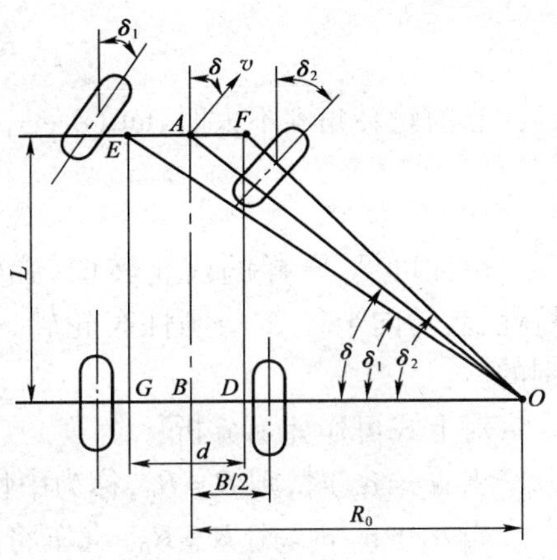

图 9-9　刚性车轮的汽车转向运动简图

上式为汽车转向时保证车轮纯滚动的近似理论转角关系。汽车在结构上是靠正确选择转向梯形机构的参数来保证的。实际汽车只是在较小转向角度时能近似符合理论转角关系,当转角较大时,则偏差较大,就不能保证汽车在转向时所有车轮均为纯滚动。由于汽车转向时运用大转角的几率较小,且利用大转角转向时一般车速较低,因而对轮胎磨损的影响较小。汽车转向梯形机构结构简单,又比较符合转向特性要求,在各种车辆上均采用。

汽车转向时,从转向中心 O 至后轴中点的距离称为汽车的转向半径。依据图 9-9 所示的转向运动状态,可得出如下关系式

$$R_0 = \frac{L}{\tan\delta}$$

式中:δ——前轴中点的速度矢量与汽车纵轴线的夹角,$\delta \approx \frac{\delta_1 + \delta_2}{2}$;

R_0——转向半径,m。

当前轮转角 δ 不大时,$\tan\delta \approx \delta$,则上式可简化为

$$R_0 = \frac{L}{\delta}$$

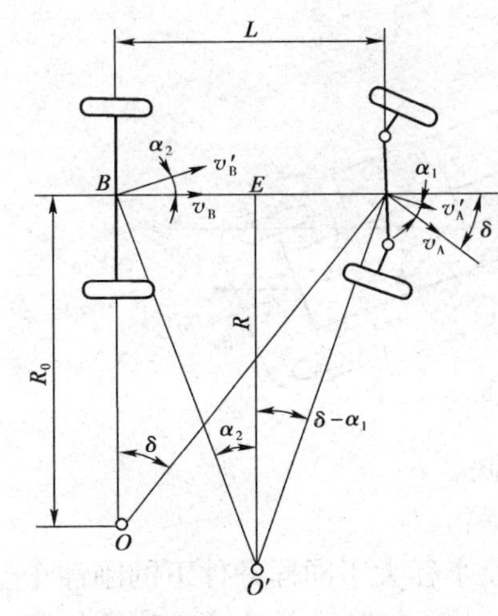

图 9-10　弹性车轮的汽车转向运动简图

2. 弹性车轮转向时的几何关系

弹性车轮的汽车在转向行驶时,由于轮胎侧偏现象的产生,使汽车的运动轨迹不同于刚性车轮。图 9-10 为弹性车轮的汽车的转向运动简图。

图 9-10 中,汽车通过转向操纵机构给予一定的前轮转角 δ 做圆周运动,此时弹性车轮受到离心力的作用而产生侧偏现象,导致前、后轮的运动方向偏离了车轮平面方向,前、后轮分别出现侧偏角 α_1、α_2,则前轴中点和后轴中点的速度矢量也随之发生了偏移,分别为 v'_A 和 v'_B;汽车转向中心则由 O 点移到了 O'点。

同样,按前述方法可以计算出弹性轮胎转向时的转向半径 R,即

$$R = \frac{L}{\tan(\delta - \alpha_1) + \tan\alpha_2}$$

当前轮转角 δ 不大时，$\tan(\delta - \alpha_1) \approx \delta - \alpha_1$，则上式可简化为

$$R = \frac{L}{\delta - (\alpha_1 - \alpha_2)}$$

由此可见，同样的前轮转向，弹性车轮由于侧偏特性，其转向半径 R 与刚性车轮转向半径 R_0 是有差别的。

对上式可作如下分析：

当 $\alpha_1 = \alpha_2$ 时，则 $R = R_0$，称为中性转向；

当 $\alpha_1 > \alpha_2$ 时，则 $R > R_0$，汽车将沿更为平缓的曲线行驶，称为不足转向；

当 $\alpha_1 < \alpha_2$ 时，则 $R < R_0$，汽车将沿更为弯曲的曲线行驶，称为过多转向。

汽车所表现出的以上不同转向特性便是其稳态转向特性，如图 9-11 所示。

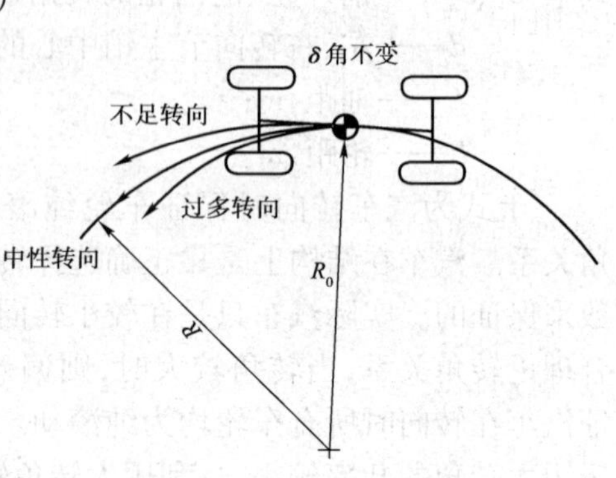

图 9-11　汽车的三种稳态转向特性

三、汽车转向特性对汽车操纵稳定性的影响

1. 具有中性转向特性的汽车行驶特点

具有中性转向特性的汽车的转向轮侧偏角为 $\delta = L/R$，该角度与汽车的行驶速度无关；当转向盘角度固定不动时，汽车将沿给定的半径进行圆周运动，转弯半径与车速无关。

如图 9-12a) 所示，当中性转向特性的汽车在直线运动时，在受到侧向力 R_Y 的作用下，车轮产生侧偏且前、后轴的侧偏角相同（即 $\delta = \delta_A = \delta_B$），使汽车行驶方向偏离一个 δ 角度，由原先的 XX 方向变为沿 mm 线方向直线行驶。若要维持原定的行驶方向，驾驶者必须将转向盘朝着侧向偏离的相反方向转动，使汽车的纵轴线与原定的路线成 δ 角，然后再将转向盘回到中间位置即可，如图 9-12b) 所示。

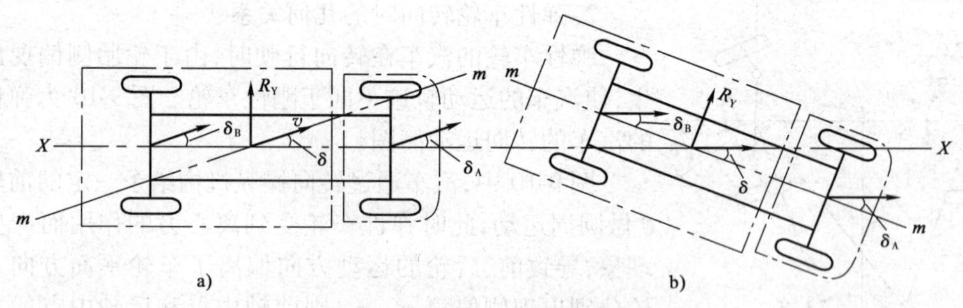

图 9-12　具有中性转向特性汽车的运动简图

2. 具有不足转向特性的汽车行驶特点

具有不足转向特性的汽车，在以不同的车速行驶时，其转向半径大于同样条件下的刚性车轮的汽车转向半径，并随车速的提高，转向半径将不断增大。因此，在驾驶不足转向特性的汽车沿给定半径的圆周加速行驶时，驾驶员应随车速的提高不断增加转向盘的转角。

如图 9-13 所示，当不足转向特性的汽车在直线运动时，在受到侧向力 R_Y 的作用下，前轴车轮的侧偏角 δ_A 大于后轴车轮的侧偏角 δ_B（即 $\delta_A > \delta_B$），汽车将绕瞬时转向中心 O' 做曲线行驶。此时，汽车重心上的作用有离心力，而该离心力 F_C 的侧向分力 F_{CY} 的作用方向与侧向力 R_Y 的作用方向相反，可起到消弱侧向力作用的效果。一旦当侧向力 R_Y 消失后，汽车将在 F_{CY} 的作用下，具有自动恢复直线行驶的倾向，维持汽车行驶的稳定性。

3. 具有过多转向特性的汽车行驶特点

具有过多转向特性的汽车行驶特点正好与不足转向特性的汽车行驶特点相反。

当方向盘转角固定不变时，随车速的提高，转向半径将不断减小。因此，在驾驶过多转向特性的汽车沿给定半径的圆周加速行驶时，驾驶员应随车速的提高不断减小转向盘的转角。

如图 9-14 所示，当过多转向特性的汽车直线运动时，在受到侧向力 R_Y 的作用下，前轴车轮的侧偏角 δ_A 小于后轴车轮的侧偏角 δ_B（即 $\delta_A < \delta_B$），汽车将绕瞬时转向中心 O' 做曲线行驶，此时的 O' 的位置正好与不足转向时的 O' 的位置相反，于是使得离心力分力 F_{CY} 的作用方向与侧向力 R_Y 的作用方向相同，起到增强侧向力作用的效果，使转向半径越来越小；即使侧向力消除后，汽车仍会在 F_{CY} 的作用下，使其转向半径不断减小，离心力不断增大，直至最后导致汽车发生侧滑。这时，汽车将丧失稳定性和操纵性。

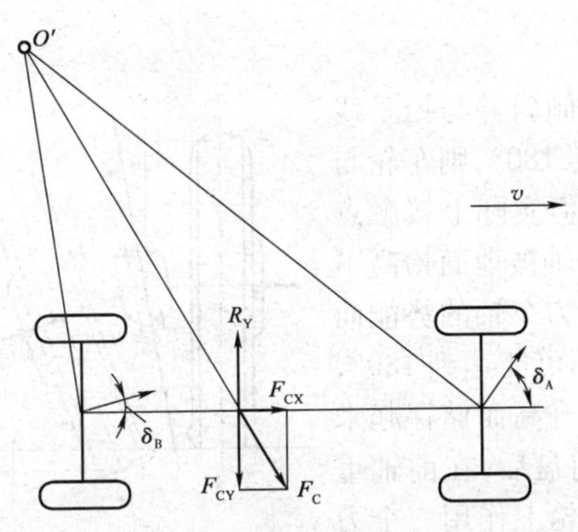

图 9-13　具有不足转向特性汽车的运动简图

图 9-14　具有过多转向特性汽车的运动简图

从上述三种转向特性进行分析比较可知，过多转向特性有使汽车失去稳定性的危险，在汽车运用上应加以避免；具有中性转向特性的汽车在行驶中的操纵性也不好，且在其使用中随某些条件的改变，极易转变为过多转向特性而使汽车失去稳定性，不宜被采用。只有具有适度不足转向特性的汽车，在行驶中才有良好的操纵稳定性。所以目前绝大多数的汽车具有不足转向特性。在汽车设计和使用中应注意重心的前后位置，并要求在转向时前轮的侧偏角大于后轮的侧偏角，以使汽车具有一定的不足转向特性。减小轮胎气压，将使轮胎更富有弹性，有利于增大轮胎的侧偏角。故减小前轮的轮胎气压，可实现汽车在转向时前轮的侧偏角大于后轮的侧偏角，使汽车具有不足转向的特性。所以，一般汽车的前轮充气压力均小于后轮的充气压力，目的就是为了使汽车具有不足转向特性，从而提高汽车行驶的稳定性。

但应注意的是，具有不足转向特性的汽车由于具有良好的操纵稳定性，在高速行驶时可减轻驾驶者的紧张程度，但在汽车转向时，则需相应地将转向盘多转过一些角度，会增加驾驶者的疲劳强度；同时当前轮的侧偏角较大时，轮胎的滚动阻力及轮胎的磨损都将显著增大。因此，过度的不足转向对汽车的行驶也会带来不利的影响，所以汽车的不足转向应适度。

在汽车运用中为确保汽车的操纵稳定性，一般均采用不足转向特性。但在高速赛车上也有应用中性转向特性或轻微过多转向特性的，其目的主要是为了使汽车的转向灵敏度能提高一些。

课题三　前轮定位与转向轮的稳定效应

转向轮的稳定效应是指转向轮具有保持中间位置（直线行驶位置）及自动返回中间位置的能力。转向轮的稳定效应主要是通过转向轮定位角及轮胎的侧偏实现的。能够促使转向轮回到中间位置的力矩称为稳定力矩或回正力矩。产生稳定力矩的效应称为转向轮的稳定效应。

一、前轮定位的稳定效应

1. 主销内倾的稳定效应

如图9-15所示，转向轮主销中心线的上端向内倾斜并与铅垂线成α夹角，该夹角也即是主销内倾角。若将车轮偏转180°，则车轮与路面的接触点由A点移至A'，而A'将在地面以下。但实际上接触点A'是不可能深入到地面以下的，而是车轮连同汽车前轴被地面抬高了一个高度h。此时，施加于转向盘的运动能量将转化为车轴的势能而储存起来。在实际中，汽车转向轮的最大偏转角度不可能达到180°，一般在35°左右。由此推知，因转向轮偏转致使前轴升高而储存起来的势能与转向轮偏转的角度成正比的。当松开转向盘后，在前轴重力的作用下，被储存的势能便释放出来，从而在转向轮上作用一个力矩，促使转向轮回到中间位置，产生转向轮的稳定效应。主销内倾的稳定效应随主销内倾角α的增大而增大。

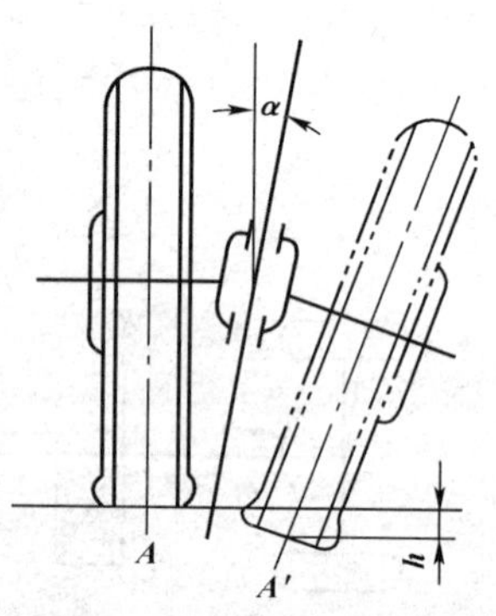

图9-15　前轮主销内倾角的作用

2. 主销后倾的稳定效应

如图9-16所示，在汽车的纵向垂直平面内，转向轮主销中心线上端向后倾斜并与铅垂线成β夹角，该夹角即是主销后倾角。当转向轮偏转时，汽车便处于转向行驶状态，会有相应的离心力产生，离心力作用于车轮后将引起路面对车轮的侧向反作用力Y_1。由于主销的后倾导致此反作用力Y_1不通过主销的中心线（即车轮转动中心）而偏离主销中心b_β距离，从而对转向车轮产生一个稳定力矩，促使转向轮回到中间位置，产生转向轮的稳定效应。随车速的增大，在转向时所产生的离心力也增大，那么作用在转向轮上的稳定力矩也将随之增大，对转向轮产生更大的稳定效应。主销后倾的稳定效应随主销后倾角β及车辆行驶速度的增大而增大。

二、轮胎侧偏特性与转向轮的稳定

弹性轮胎在受到侧向力的作用时，将产生侧向变形。由于弹性轮胎侧向变形的结果，使前轮与地面接触的印痕相对车轮平面发生扭曲，在轴线前部的轮胎侧向变形较小，而后部变形较大，使得侧向反作用力的作用中心向后偏移 b_δ 距离，如图 9-17 所示。这样，即使主销无后倾角($\beta=0$)，侧向反作用力也将产生一个稳定力矩，对转向轮起到稳定效应。受侧向力作用而使弹性车轮侧向偏离所产生的稳定效应，随转向轮弹性变形侧偏角的增大而增大。

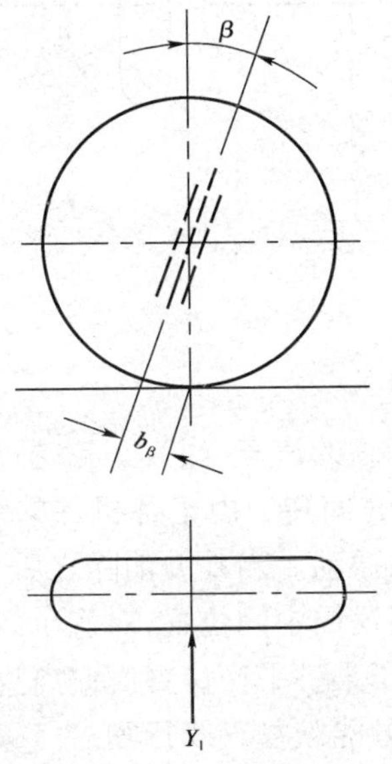

图 9-16　前轮主销后倾角的作用

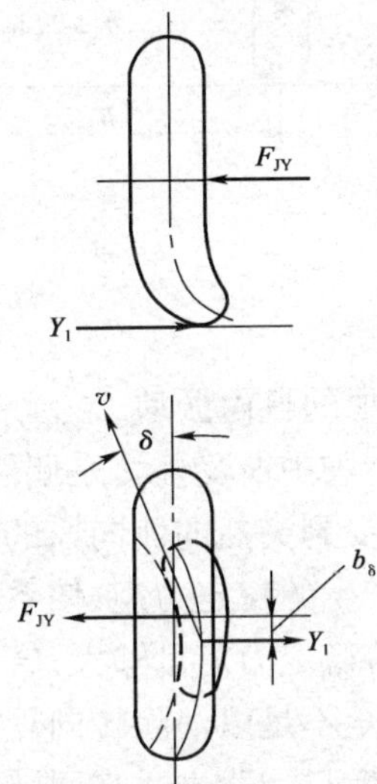

图 9-17　弹性轮胎侧向偏离的稳定效应

现代高速汽车由于前轮承受重量增加，并广泛采用低压轮胎，因此轮胎弹性变形所产生的稳定效应增大。试验表明，转向车轮在侧向力的作用下，当弹性变形的偏离角为 1°时，所引起的稳定力矩相当于主销后倾 5°～6°的稳定效果。故当前汽车转向轮的主销后倾角逐渐减小，甚至出现负值。同时，将主销后倾角的减小，可控制总的稳定力矩，避免使转向轮在返回中间位置时过于猛烈而致使发生回正过量、转向轮摆振、操纵困难等；也能避免造成转向沉重。

三、转向轮的振动及其防止

1. 转向轮的振动

汽车在行驶过程中，有时会出现转向轮的左右摆动和上下跳动，使车轮着地的轨迹如图 9-18 所示。

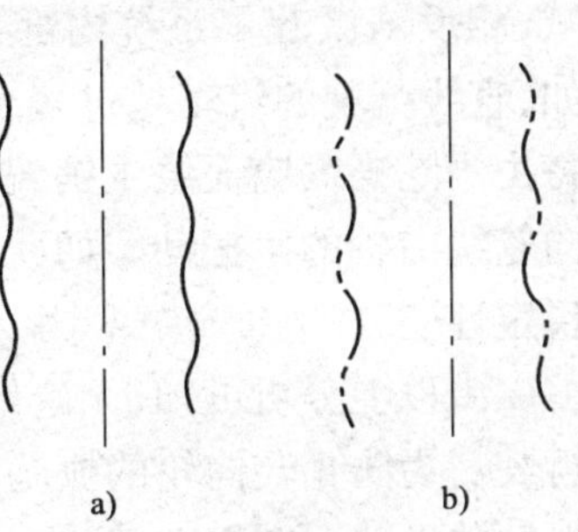

图 9-18　转向轮发生振动时车轮在道路上的轨迹
a) 车轮摆动时的轮迹；b) 车轮跳动时的轮迹

转向轮振动将会破坏汽车行驶的稳定性，严重影响汽车的行驶安全。为了避免转向轮振动产生不良后果，驾驶者不得不降低行车速度，使运输效率降低。同时转向轮的振动也会增加轮胎的磨损和滚动阻力，并使转向系和行驶系的负荷增大，降低零部件的使用寿命。

汽车的转向轮通过悬架及转向传动机构与车架相连，这些

互相联系的机件组成了弹性振动系统。该系统的振动可分为两类：一类是前轴绕纵轴的角振动，如图9-19a)所示；另一类是转向轮绕主销的角振动，如图9-19b)所示。在外力的扰动下，该弹性系统可能被激发为有阻尼的自由振动、受迫振动和自激振动等几种形式。

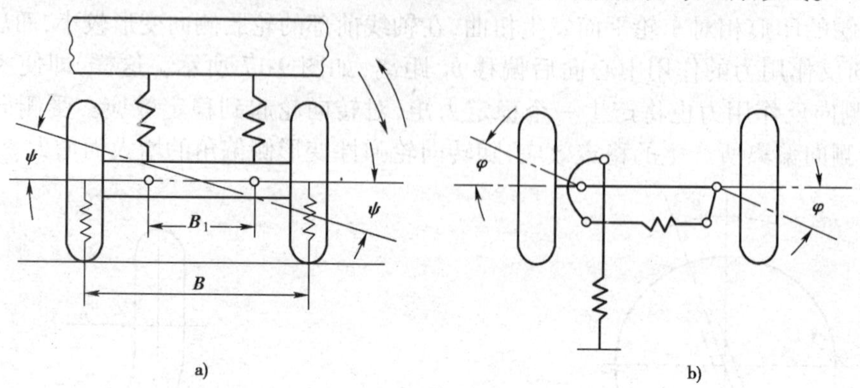

图9-19　转向轮振动系统示意图

1)有阻尼的自由振动

若汽车行驶中所受外力是偶然的和单次的，例如直线行驶的汽车，当其车轮越过单个凸起或凹坑，或者受到突然的侧向风的扰动，转向轮便发生瞬时的偏转。由于各机件的缓冲作用、内摩擦及其产生的稳定力矩，使系统被激发为有阻尼的自由振动。当外力消除之后，振动即行衰减。这时若稳定力矩足够大，转向轮将克服初始的偏转而返回中间位置，对汽车产生稳定效应；若稳定力矩不足以消除转向轮初始的偏转，转向轮将处于某一平衡位置而偏离直线行驶方向，这时驾驶者只能通过适当回转转向盘的方法进行修正，方能恢复直线行驶。

2)受迫振动

若汽车行驶中所受外力呈现某种规律性的周期变化，例如汽车行驶在搓板路面，或因车轮的不平衡而造成了离心力距等。在此种外力的扰动下，系统被激发为有阻尼的受迫振动。显然，当外力的变化频率与系统的固有频率重合或接近时，转向轮将发生强烈的共振现象，汽车就会呈现不稳定状态。

3)自激振动

如果在偶然的单次外力的扰动下而引起车轮的振动，且当外力消除后，此种振动并不衰减，相反却激起了系统内部某种交变力的发生而加剧振动，这种振动现象称为自激振动。例如，直线行驶的汽车越过多个凸起或凹坑后，前轮产生了绕汽车纵轴的角振动。这样，转向轮将由于陀螺效应而绕主销偏转。同样也由于陀螺效应，车轮绕主销的角振动会反过来加剧转向轮绕前轴的角振动。如此周而复始，使前轮处于自激振动状态，将严重破坏汽车直线行驶的稳定性。

由以上分析可知，无论何种振动都不利于汽车转向轮稳定效应的产生，影响汽车稳定直线行驶。为防止转向轮的振动，转向轮应具备如下性能：良好的缓冲和抗冲击性能，能有效吸收振动并迅速衰减振动，防止共振现象的发生，以保证汽车直线行驶的稳定性。

2. 转向轮振动的防止

为防止转向轮的振动，确保转向轮的稳定效应，通常采取以下一些措施：

1)采用不等臂的双横杆独立悬架

因陀螺效应引起的转向轮振动对汽车行驶稳定性影响最大。在独立悬架的汽车上,采用等长的双横臂式独立悬架,可使转向轮在上下跳动时,只做平移而不偏转,这样就不存在使转向轮左右偏转的回转力矩,避免了转向轮绕主销的角振动,如图 9-20a)所示。但这种结构在车轮上下跳动时,轮距改变较大并增加了轮胎的侧滑,加剧轮胎的磨损。所以通常采用不等长的双横臂独立悬架,以减小轮距的改变量和车轮的侧滑量,如图 9-20b)所示。

2)轮胎要有良好的动平衡

轮胎的不平衡所构成的离心力距,会使转向轮产生周期性的上下跳动和左右摆动。如果两车轮的不平衡质量处于对称位置,则将使转向轮的振动更为严重。因此,为避免因车轮不平衡引起的振动,无论对新轮胎或经翻修过的旧胎,在装用之前都要进行动平衡检验,以消除不平衡因素。行驶速度越高的车辆,其轮胎的不平衡度要求也越高。

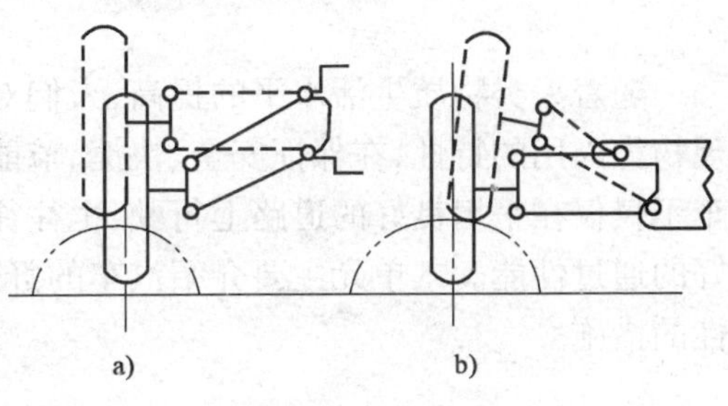

图 9-20　双横杆式独立悬架运动简图

3)减轻或消除转向系与悬架的运动干涉

悬架与转向传动机构的运动关系不协调,也是引起转向轮左右摆动的一个重要因素。当路面不平引起前轴在垂直平面内产生角振动时,转向轮将出现水平面内的左右偏摆。

为了避免和减弱转向系和悬架的运动干涉,应在汽车的设计或改造时合理布置转向及悬架系统,使转向轴、主销、转向节臂的运动轨迹趋于相同,使运动不协调引起的车轮偏转量降至最小,以提高转向轮在汽车直线行驶时的稳定效应。

4)增大前桥悬架系统的刚性,减小其转动惯量

当外力的变化频率与前轮系统的固有频率相等和接近时,转向轮将发生共振,严重时会使汽车呈现不稳定状态。固有频率主要取决于该系统的刚度和转动惯量。若将前桥悬架系统的刚度提高,将其转动惯量减小,其固有频率将得到足够的提高。这时,即使随车速提高,外力的变化频率也相应提高,但仍低于前桥悬架系统的固有频率,则可有效避免共振现象的发生,确保汽车稳定行驶。例如采用弹性系数较大的轮胎和悬架系统、采用高性能的减振器、在转向系中加装转向减振器,都有利于减轻转向轮的振动,提高汽车行驶的稳定性。

单元十　汽车的舒适性和通过性

随着人类物质生活水平的提高，人们对汽车的舒适性要求也越来越高，要求汽车能充分体现物为人用的特性，在保证安全、快捷、节能、环保的同时，也要让人感到用车的最大享受。汽车不仅仅在平坦良好的道路上行驶，也往往会在无路或坏路条件下行驶，因而要求汽车具有良好的通过性能。本单元主要介绍汽车的舒适性和通过性的评价指标，提出改善舒适性和通过性的措施。

课题一　汽车的舒适性

舒适的驾乘环境不仅利于汽车安全、优质、高效地运行，而且可以保证驾乘人员到达目的地后仍然有良好的生理和心理状态以及工作效能，并给人一种用车的享受。汽车的舒适性是现代汽车的重要性能之一。

一、汽车的舒适性

汽车的舒适性是指人们乘坐汽车不致引起不舒适和疲劳的一种感受。汽车舒适性主要通过汽车的平顺性、车内空气调节及居住性、车身的隔声与密封、上下车的方便性等性能进行综合评价。

二、汽车的行驶平顺性

汽车的行驶平顺性，是指汽车在常用车速范围内行驶时，不致因车身的振动而引起乘客疲劳、不舒适、健康损害，或货物受到损坏的能力。由于平顺性主要是根据乘坐者的舒适度来评价的，所以有时又称为乘坐舒适性。它是现代高速汽车的主要性能。

汽车行驶平顺性的的评价方法，通常是依据人体对振动的反应，及对保持货物完整的程度来制定的。目前对汽车行驶平顺性有不同的评价方法。

1）ISO2631 标准

国际标准化组织（ISO）在综合大量有关人体全身振动研究成果的基础上，制定了ISO2631-1978E《人体承受全身振动评价指南》，已被许多发达国家采用作为本国的国家标准。ISO2631 标准用加速度的均方根值，给出了在 1～80Hz 振动频率范围内，人体对振动反应的三个不同的感觉界限，即暴露界限、疲劳-降低工作效率界限、舒适降低界限。

（1）暴露界限。当人体承受的振动强度在这个极限之内，将保持健康和安全。通常把此极限作为人体可以承受振动量的上限。

（2）疲劳-降低工作效率界限。这个界限与保持工作效率有关。当驾驶员承受振动在此极限以内时，能保持正常的驾驶操作；若超过这个界限，则意味着人感觉疲劳和工作效率的降低。

(3)舒适降低界限。该界限与保持舒适有关，在这个界限之内，人体对所暴露的振动环境主观感觉良好，能顺利完成吃、读、写等动作。

上述的三个界限只是容许的振动加速度均方根值不同。“暴露界限”的值为“疲劳-降低工作效率界限”的 2 倍(增加 6dB)；“舒适降低界限”的值为“疲劳-降低工作效率界限”的 1/3.15(降低 10dB)。而各界限容许值随频率的变化趋势完全一样。

如图 10-1 所示，为垂直方向和水平方向振动时，对人体影响的疲劳-降低效率界限。从图中可知，随着暴露时间(承受振动时间)的加长，感觉界限容许的加速度值将下降，但对于偶尔乘车的人，感觉界限容许的加速度会有所提高，可能稍高于图中的数值；人体对振动最敏感的频率是垂直方向 4～8Hz、水平方向 2 Hz 以下，即当振动频率在这一范围内，最易引起人体的疲劳。从图中可看出，振动频率在 2.8Hz 以下同样暴露时间，水平振动容许的加速度值，低于垂直振动；而振动频率在 2.8Hz 以上同样暴露时间，水平振动容许的加速度值却要高于垂直振动。

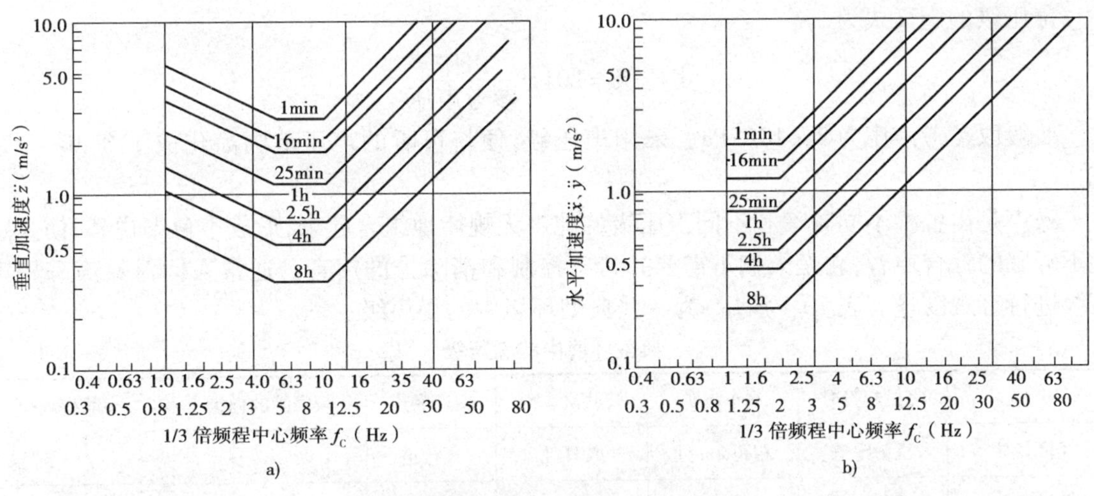

图 10-1　人体对振动反应的疲劳-降低效率界限

a)垂直方面；b)水平方面

2)我国的标准

我国依据 ISO 2631—1978E 标准并对相应标准进行了修订，公布 GB/T 4970—1996《汽车平顺性随机输入试验方法》，采用了 ISO 标准的评价指标，并提出了“车速特性”的概念。车速特性是指平顺性评价指标随车速变化的关系。用车速特性评价汽车的平顺性要比在某一车速评价汽车的平顺性更符合实际。在轿车、客车用“舒适降低界限”车速特性；在货车上用“疲劳-降低工作效率界限”车速特性。

3)车身的固有频率评价

人体器官自幼即已习惯于行走所引起的垂直振动频率(一般在 1.1Hz 至 1.5Hz 之间)。当车身振动频率在此范围内，则人体器官感到习惯，就不会感到不舒适；当车身的振动频率偏离该范围，人体则会感到不舒适。当车身的振动频率低于 1Hz 时，会引起乘员晕车和恶心；当频率高于 1.5Hz 时，人体会明显感受到的冲击感，会引起成员的疲劳和不舒适感。

4)感觉评价

感觉评价是指根据乘坐者的主观感觉,对各类汽车的平顺性进行比较评价。人的感觉评价是对汽车平顺性的最终评价。有经验的试验人员甚至能发现仪器难以测定的汽车平顺性现象。

三、汽车的噪声

1. 噪声及噪声的度量

包括噪声在内的所有声音,都是由发声体振动产生,借助空气振动而传播的。描述声音的物理量常用声压、声强和声功率。

声压是指声音在传播过程中空气振动压力的变化量,单位为帕(Pa)。声压越大,则人耳听到的声音越强;反之亦然。人耳能听到的最低声压为 2×10^{-5}Pa,人耳能承受的最高声压是20Pa,最高声压和最低声压相差达100万倍。因此,用声压来表示声音的强弱极为不便,同时也不符合人耳对声音强弱变化的感觉。为此,对声音的度量引入了声压级的概念。

对声压与参考声压的比值取常用对数再乘以20,并以分贝(dB)为单位,称为声压级。

声压级的定义式为

$$声压级 = 20\lg \frac{声压}{参考声压}$$

一般取参考声压为 2×10^{-5}Pa。采用声压级,便将可听的声压范围简化成了0 dB ~ 120 dB。

噪声是由各种不同频率和不同声压级的纯声无规律地组合起来,形成声色不悦耳,使人感觉不舒服的综合声音,它是人们不需要并希望控制和消除掉的声音。通常人们对噪声采用声压级进行客观度量。表10-1所示,为一些典型环境中的噪声级。

典型环境中的噪声级　　表10-1

声源	飞机起飞时	汽车喇叭	公共汽车内	交通噪声	较安静的白天	静夜
生源位置	机场跑道	相距2m处	人耳处	人行道		
声压级(dB)	130 ~ 140	90 ~ 110	80 ~ 90	65 ~ 75	40 ~ 50	30 ~ 40

2. 噪声的形成和控制

一般车辆的噪声强度可达60dB ~ 90dB。当人处在高于70 dB以上噪声的环境中,会感到心情不安、烦躁、疲倦、工作效率下降和语言、通讯困难等,影响人们的学习、工作、休息和生活;当人处在高于80 dB以上噪声的环境中,会造成听力的损伤,甚至导致永久性的听力下降。人长时间处于噪声环境中,还会导致心脏病和胃病,以及神经官能症等。因此噪声对人和环境的危害是很大的,必然影响着汽车的舒适性。

汽车噪声主要来自发动机、传动系、车身干扰空气、轮胎及喇叭声等。如图10-2所示,为某一汽车在加速状态时噪声源的构成情况。

从图10-2中的声源分析可知,汽车在运行中不可能完全杜绝噪声的产生,但可通过一定措施对噪声加以控制和减少,使噪声环境能达到人们满意或可以接受的水平。控制噪声的基本途径就是降低声源噪声、控制噪声传播和采取个人防护。诸如,使用消声器可大大降低发动

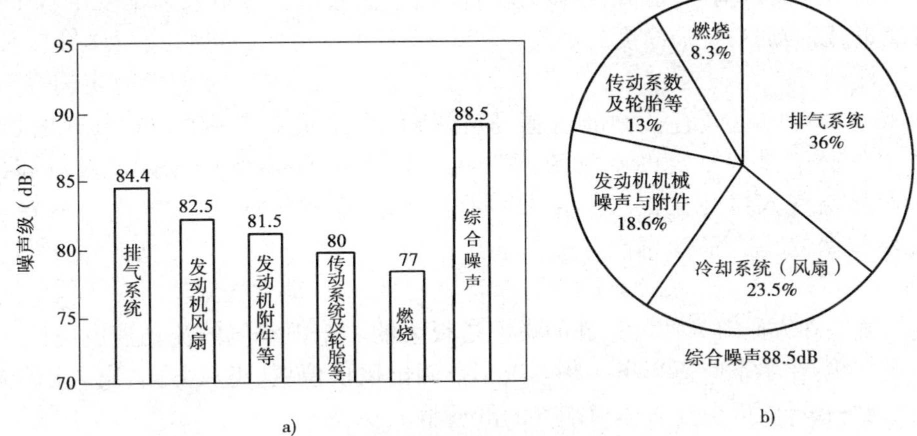

图10-2　国产中型货车车外加速行驶噪声源分解与贡献比例

a）声源分解图；b）声源比例图

机进、排气噪声；使用带有液力耦合器的风扇、水温感应电动离合风扇或变叶片扭角的风扇可降低发动机风扇的噪声；对底盘和车身采取相关的降噪措施，可有效减少噪声源的噪声输出；提高车厢的密封性或在车厢中运用隔音材料，可有效阻止车外噪声的传入；在车厢壁板上使用能减少反射声的吸声材料和阻尼材料，可以降低车室混响声，并防止或消除车厢共鸣和共振现象。所以噪声控制是提高汽车行驶时舒适性的一个重要途径和措施。

四、汽车驾驶室和车厢的空气调节

1. 汽车的空气调节

汽车的空气调节是通过对空气进行冷却或加热、净化或过滤，并将经过这样处理过的空气以一定方式送回汽车驾驶室和车厢，使车内空气的温度、湿度和空气洁净度等各项指标符合人们舒适性的需要。汽车的空气调节通常简称为“汽车空调”。汽车的空气调节功能是汽车舒适性的重要指标之一。

2. 汽车空调应具备的基本功能

汽车空气调节的目的是使车内空气的温度、湿度和空气洁净度等指标保持在一定的舒适范围。所以汽车空调应具备如下功能：

1）温度调节功能

一般，人在25℃左右时感到最舒适。为了符合人体在温度方面的生理特点，夏天的空调温度应调节到25～27℃，冬天的空调温度应调节到18～20℃。

2）湿度调节功能

人感到最舒适的相对空气湿度是60%～70%。夏季空气中的湿度较大，则要求在降低温度的同时也减小空气湿度，可通过打开冷气装置使空气中的水蒸气凝结成水，排出车外，以起到车内空气的减湿作用；而在冬季，空气的湿度较低，由于在汽车上加湿是比较困难的，只能依赖于开车窗或通风措施，通过引入车外的新鲜风来对车内的空气湿度进行适当的调节。

3）空气洁净度

目前对于一般车辆来说，大多缺乏空气净化设备，常采用引入外部新鲜空气、使用活性炭吸附剂等办法来提高车内空气的洁净度;部分高档车辆通过安装负氧离子发生器来提高车内空气的含氧量,以增加空气洁净度。

4)空气流动

为使乘员对车内空气有一种舒适感,应保持每个乘员 0.3 ~0.5m^3/min 的换气量,这就要求车内外必须保持一定的空气流通,因而,汽车车身必须开有空气入口和出口。在汽车上一般将空气入口开在正压力较大的前挡风玻璃下方处,而空气出口开在负压力较大的后排座位两侧。为了使车内各处的温度尽量一致,车内的空气也必须能够进行车内的循环。

空气的流速和方向对人体舒适性的影响是很大的。车内空气的流动速度应能调节,在夏季可适当大一些;在冬季应适当小一些。汽车空调出风口位置、出风方向、出风档位及出风量均应合理布置和设计,以提高人体对空气的舒适感。

五、汽车的居住性

考虑到汽车的舒适性,汽车除具备承载的性能外,还须具备容纳人居住的功能。因此应为乘员提供一个合理的空间及符合人体生理特点的座椅,使乘员即使经过长时间乘坐后也不感到疲劳或不适。

六、影响汽车舒适性的主要因素

汽车舒适性不仅取决于汽车的行驶平顺性,还与人的生理和心理感受有关。汽车舒适性的影响因素是多方面的。

1. 悬架弹性的影响

悬架弹性对车身振动起着决定性的作用。如将汽车看作一个弹性悬架作自由振动的质量,则其固有频率为

$$f_0 = \frac{1}{2\pi}\sqrt{\frac{K}{m}}$$

式中:K——悬架刚度,N/mm;

m——悬架质量或悬架载荷,N。

当悬架的刚度 K 为常数时,则其变形与所受载荷成正比,这种悬架称为线性悬架,一般钢板弹簧、螺旋弹簧悬架均属此类。从上式可知,当线性悬架承受的载荷越大,则悬架的固有振动频率越小,反之则越大。所以采用线性悬架的汽车,当有效载荷变化较大时(特别是公共汽车和载货汽车),会出现空载振动频率较高或满载振动频率较低的现象,对汽车的平顺性带来不利影响,从而降低汽车的舒适性。故为改善这种情况,现代汽车多采用非线性悬架(即变刚性悬架),其刚度可随载荷的变化而变化,如增设辅助簧、复合弹簧;或选用非线性特性的弹性元件,如空气弹簧、油气弹簧、橡胶弹簧和硅油弹簧等。

2. 悬架阻尼的影响

为衰减汽车车身的自由振动,并抑制车身和车轮的共振,以减小车身的垂直振动加速度和车轮的振幅,悬架系统中应具有适当的阻尼。悬架的阻尼主要来自于减振器、钢板弹簧叶片间的摩擦和轮胎变形时橡胶分子间的摩擦等。

3. 非悬架质量的影响

减小非悬架质量可降低车身振动的固有频率，提高车轮振动的固有频率。这样就使低频共振和高频共振区的振动减小，而将高频共振移向更高的行驶速度，有利于提高汽车的平顺性和舒适性。如采用独立悬架，可使非悬架质量减小，利于提高汽车的舒适性。轿车对舒适性要求较高，故均采用独立式悬架系统。

4. 轮胎的影响

轮胎由于本身的弹性可以减轻振动、缓和冲击，对汽车的舒适性起着很大的影响。轮胎吸收振动的能力主要取决于轮胎的径向刚度、轮胎的展平能力以及轮胎内摩擦所引起的阻尼作用。

5. 座椅及其位置的影响

客车乘客座位或载货汽车驾驶员座位的布置形式对汽车的舒适性也有影响，应合理布置座位位置、间距、高度及座位的减振装置。实际感受和试验表明，座椅位置接近汽车轴距的中心，则振动较小，而处于车身前后端位置的座椅振幅较大。因此，一般汽车的座椅应尽可能布置在前后轴距之内。为减小水平纵向的振动幅度，座位在高度方面与汽车质心间的距离不应太大。

座椅的刚度和阻尼对汽车乘坐的舒适性也有重要的影响。为提高汽车的乘坐舒适性，应使"人体-座椅"系统的固有频率避开人体敏感的频率即 4 ~ 8Hz（该频率范围内的振动易使人体内脏产生共振），并使座椅具有一定的阻尼作用，以衰减振动。一般来说，汽车悬架较硬，应采用较软的的座垫；汽车悬架较软，则应采用较硬的座垫。

6. 悬架类型的影响

一般悬架由弹簧和减振器组成，其特性参数（悬架刚度 K 和阻尼系数 C）是在一定条件下进行优化确定的。这种悬架的特性参数一旦选定便无法更改，称为被动悬架。其缺点是不能适应使用工况的变化进行控制调整，无法满足汽车较高性能的要求。而利用电控技术与随动液压技术的主动悬架和半主动悬架，根据使用工况的变化进行闭环控制（有些汽车对某些工况信息实行开环控制），对振动能较好地进行有效控制和调整，改善汽车行驶平顺性，从而提高汽车的舒适性。

7. 轴距的影响

当汽车在行驶过程中受到不平路面的冲击时，汽车车身的纵向摆动的角加速度随轴距的加大而减小；而垂直振动的加速度随轴距的加大在前、后轴的上方没有变化外，其余各处均减小。所以，加长轴距，对于减小车身的振动，提高汽车的舒适性是十分有利的。

8. 汽车技术状况的影响

底盘旋转件的不平衡，在汽车行驶过程中极易激发产生周期性的振动，并产生噪声；减振器的工作效能降低，将会导致汽车行驶平顺性变差；发动机工作不正常，易产生动力输出的不稳定，影响汽车运行的平稳性，有时会产生异响，增大噪声。凡此等等，均说明汽车技术状况的好坏，影响着汽车的舒适性。

另外，汽车的舒适性还在很大程度上取决于车身内部的空间布置、采光情况及车内视野情况和车身的密封性、通风保暖、隔音等效能，以及座椅、车门、踏板等的设计是否符合人机工程原理，是否有提高乘客舒适性的设备。

课题二　汽车的通过性

一、汽车的通过性

汽车的通过性，也称越野性，是指汽车能以足够高的平均技术速度通过各种道路、无路地带以及克服各种障碍的能力。通过性是汽车的重要的使用性能之一，它不仅影响汽车的运输生产率，而且直接决定着汽车能否完成运输工作。

二、汽车通过性的评价指标

汽车通过性主要取决于汽车的几何参数和支承与牵引参数。同时，也和汽车的结构因素、使用因素以及汽车的其它使用性能有关。

1. 汽车通过性的几何参数

汽车通过性的几何参数在一定程度上表示了汽车可以通过高低不平地带和障碍物的能力。汽车通过性的几何参数主要有：最小离地间隙 h_{min}、接近角 γ_1、离去角 γ_2、纵向通过半径 ρ_1、横向通过半径 ρ_2（图 10-3 所示）、最小转弯半径 R_h（图 10-4 所示）、车轮半径 r（图 10-5 所示）等。

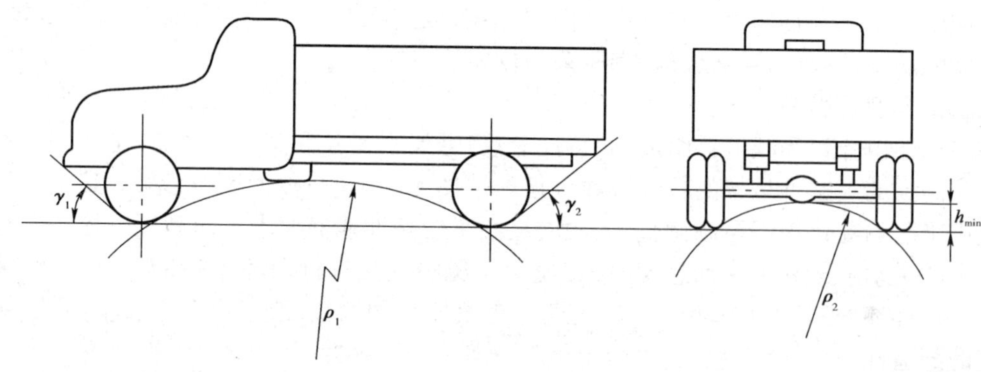

图 10-3　汽车通过性几何参数

1）最小离地间隙 h_{min}

最小离地间隙 h_{min} 是指汽车满载、静止时，汽车除车轮以外的最低点与路面之间的距离。它反映了汽车无碰撞地通过地面凸起的能力。最小离地间隙 h_{min} 大的汽车通过性好，但过大将使汽车的重心提高，使汽车的行驶稳定性受到影响。

2）接近角 γ_1

接近角 γ_1 是指汽车满载、静止时，汽车前端突出点向前轮所引切线与地面间的夹角。它表示汽车接近障碍物时，如小丘、沟洼地等，不发生碰撞的能力。汽车前端被顶住的现象称为“触头失效”。所以，汽车的接近角 γ_1 越大，则其越不易发生触头失效。

3）离去角 γ_2

离去角 γ_2 是指汽车满载、静止时，汽车后端突出点向后轮所引切线与地面间的夹角。汽车后端被托起的现象称为“托尾失效”。汽车的离去角 γ_2 越大,则越不易发生托尾失效。

4)纵向通过半径 ρ_1

纵向通过半径 ρ_1 是指汽车前后车轮及两车轴之间最低点相切的圆弧半径。其数值越小,汽车通过小丘、横脊、拱桥等障碍物的能力越强。

5)横向通过半径 ρ_2

横向通过半径 ρ_2 是指在汽车的正视图上所作左右车轮及两轮中间轮廓相切的圆弧半径。它表示汽车通过小丘及凸起路面的能力。

6)最小转弯半径 R_h 和内轮差 d

如图 10-4 所示,汽车转弯时,当转向盘转到最大极限时,外侧前轮所滚过的轮迹中心至转向中心的距离 R_h 称为最小转弯半径。汽车的最小转弯半径 R_h 是汽车机动性的重要指标,它表明了汽车在最小面积内回转的能力或绕过障碍物的能力。最小转弯半径越小,汽车的通过性能越好。

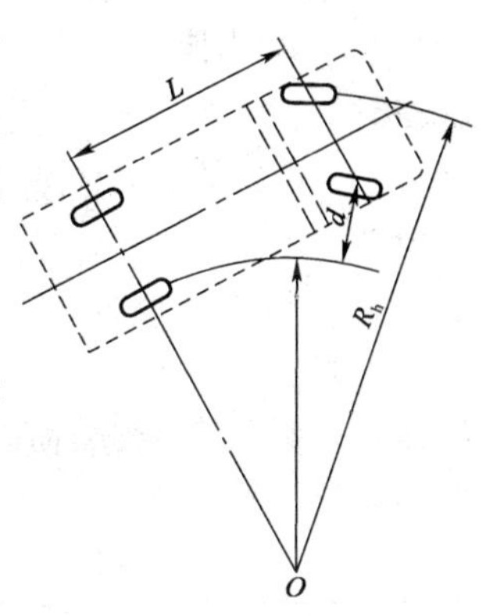

图 10-4　汽车的转弯半径

内轮差是指前内轮轨迹与后内轮轨迹半径之差。图中用 d 表示。

7)车轮半径 r

汽车克服垂直障碍物如台阶、壕沟等的能力与车轮半径有关。对于后轮驱动的汽车,所能克服的垂直障碍物的最大高度为 $h \approx 2r/3$(见图 10-5a));对于双轴驱动的汽车为 $h \approx r$(见图 10-5b))。上述关系的近似性,是由于 h 值还与路面的附着力和障碍物的性质有一定的关系。若壕沟边沿足够结实,单轴驱动汽车所能越过的壕沟宽度为 $b \approx r$;而对于双轴驱动的汽车能越过的壕沟宽度为 $b \approx 1.2r$(如图 10-5c))。因此车轮半径越大,则汽车翻越台阶和壕沟的通过性越好。

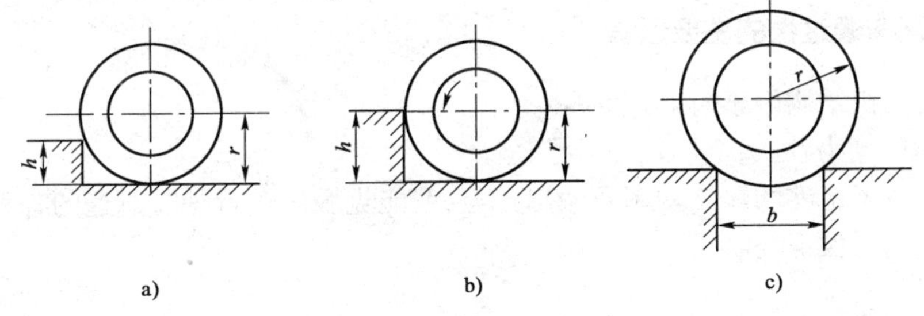

图 10-5　车轮半径与汽车越过障碍物壕沟能力的关系

几种现代车型的通过性几何参数如表 10-2 所示。

汽车通过性的几何参数　　表 10-2

汽车类型	最小离地间隙 h_{min}(mm)	接近角 γ_1/(°)	离去角 γ_2/(°)	最小转弯半径 R_h/m
4×2 轿车	120~200	20~30	15~22	7~13
4×4 轿车、吉普车	210~370	45~50	35~40	10~15
4×2 货车	250~300	25~60	25~45	8~14
4×4 货车、6×6 货车	260~350	45~60	35~45	11~21
6×4 客车、4×2 客车	220~370	10~40	6~20	14~22

2. 汽车通过性的支承与牵引参数

汽车通过性不仅和它的几何参数有关,而且与支承牵引参数有密切关系。汽车通过性的主要支承牵引参数有:滚动阻力系数、附着系数、相对附着质量和最大动力因数等。

1)单位压力

车轮对地面的单位压力是作用在车轮上的垂直负荷与轮胎接地面积之比。汽车在松软路面上行驶时,为提高通过性,可适当减小轮胎气压,使车轮对地面的单位压力降低,减小轮辙深度,降低汽车的行驶阻力;同时因轮胎与地面的接触面积增大,使附着系数得到提高。

2)最大动力因数

最大动力因数表征了汽车最大爬坡能力和克服道路阻力的能力。汽车在坏路或无路地带行驶时,行驶阻力增大,为了保证汽车的通过性,除了采取减少行驶阻力、降低额定载荷等措施外,还必须提高驱动力或动力因数。所以在越野汽车的传动系中,大多通过增设副变速器或低档分动器,以增大传动系的传动比,保证在驱动轮上获得足够大的驱动力,增大动力因数。

3)相对附着质量

为提高汽车的通过性,使驱动力能得到最大限度的发挥,必须增大汽车的相对附着质量和提高附着系数。驱动轴负荷与车辆总质量之比称为相对附着质量系数。不同类型汽车的相对附着质量系数如表10-3所示。

不同类型汽车的相对附着质量系数 表10-3

汽车类型	相对附着质量系数	汽车类型	相对附着质量系数
4×2 轿车	0.45~0.50	4×4、6×6 货车(或越野车)	1.0
4×2、6×4 货车	0.65~0.75		

全驱动汽车的相对附着质量达到最大值,在附着系数较小的路面上,也能发挥较大的驱动力。

三、影响汽车通过性的主要因素

1. 汽车发动机结构因素对通过性的影响

1)发动机的动力性

发动机具备了足够的输出功率及输出扭矩,就能克服汽车行驶时所遇的各种阻力,为汽车的通过性提供动力保证。

2)传动系的传动比

在传动系增加副变速器或分动器,可以增大传动系的总传动比,从而获得更大的驱动轮输出转矩。当传动比较大时,汽车可用低速行驶通过坏路或无路路段。

3)液力传动

装有液力变矩器或液力耦合器的汽车,可维持低速(0.5~1km/h)行驶,起步时转矩增加平缓,避免了对路面的冲击,不用换档也能提高转矩,能提高汽车的通过性

4)差速器

常用的普通差速器,由于具有在驱动轮间平均分配扭矩的特性,驱动轮上牵引力的大小取决于附着力较小的一侧车轮。故使用这种差速器的汽车的一侧车轮滑转时,则另一侧车轮的驱动力将受到限制而只能与滑转一侧的车轮驱动力相等,使得牵引力的数值可能不足以克服

行驶阻力，使汽车失去通过能力，严重降低汽车的通过性。若用差速锁将两侧车轮连在一起，使驱动力不受驱动力小的一侧车轮限制，从而提高了总的驱动力，改善汽车的通过性。

为了增加差速器的内摩擦，越野车常采用高摩擦式差速器提高汽车的通过性。现代汽车上，还安装有电子差速装置（EDS）或驱动防滑转装置（ASR），它可以根据两侧驱动轮的转速信号调节车轮驱动力，从而提高了汽车的通过性和操纵稳定性。

5）前、后轮距

当汽车在松软地面上行驶时，若汽车前、后轮距相等，并有相同的轮胎宽度，则前、后轮辙重合，后轮就可以沿已被前轮压实的轮辙行驶，使汽车总的滚动阻力减小，从而提高汽车通过性，如图10-6a）所示；反之，汽车的前、后轮距不等，后轮重新压出轮辙，则会使汽车总的滚动阻力增大，降低汽车的通过性，如图10-6b）所示。为此，现代越野汽车广泛采用单轨胎、等轮距布置，并增多了轴数，例如三轴或四轴。采用多轴数还可降低车轮的负荷，减小单位压力，提高汽车在松软路面上的通过能力。

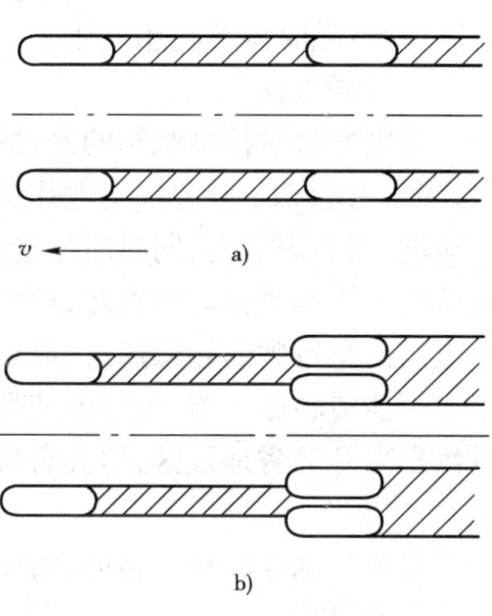

图10-6 汽车前后车辙图

6）驱动轮数目

增加驱动轮数目，可以提高相对附着质量，获得较大的驱动，也可使汽车前轮越过台阶和壕沟的能力显著提高。越野汽车都采用全轮驱动。

7）车轮尺寸

车轮的直径和断面宽度对汽车的通过性都有极大的影响。较大的车轮直径和轮胎断面宽度可使轮胎对地面的单位压力降低。较大的车轮直径可使汽车的越障能力提高。但直径过大的轮胎会使其惯性力增大，汽车的质心升高，轮胎成本增加，并要求采用传动比更大的传动系等。故大直径车轮在汽车上没有得到广泛应用。

采用断面宽度较大的轮胎，除了能降低轮胎对路面的单位压力外，还能允许胎体有较大的变形，增大与地面的接触面积，这样，既不降低轮胎的使用寿命，又能提高汽车的通过性。在现代越野车上已越来越广泛地采用了断面较宽的低压、超低压轮胎。

8）涉水能力

汽车点火系、蓄电池、空气滤清器、机油尺口等处的防水密封性能越好，则汽车的越野涉水能力越强，通过性也就越好。

2. 汽车使用因素对通过性的影响

1）轮胎花纹

轮胎花纹对附着系数的影响很大。根据不同的使用条件正确选用轮胎花纹，可提高汽车的通过性。一般轿车主要在硬路面上行驶，应采用细而浅的轮胎花纹；载重汽车采用较粗的花纹；越野汽车应采用宽而深的花纹。

2）轮胎气压

汽车在松软路面上行驶时，降低轮胎气压，则轮胎与地面间的接触面积增大，轮胎对地面的单位压力降低，从而使轮胎在松软地面的沉陷量和滚动阻力减小，同时也使附着系数增大，进而提高了汽车的通过性。但轮胎的气压过低，则会造成轮胎变形的能量损失增大，行驶阻力增加，同时也会降低轮胎的使用寿命。

汽车在坚硬的路面上行驶时，由于滚动阻力主要取决于轮胎变形所造成的损失，因此为减小汽车的行驶阻力，提高汽车的牵引力，应适当提高轮胎的气压。

现代越野汽车为了使其在松软路面上具有良好的通过性，而且在坚硬路面上行驶时，又不致有过大的滚动阻力和使轮胎的寿命缩短，多在车上装有轮胎中央充气系统，以使驾驶者根据道路情况，随时调节轮胎气压。

3）驾驶方法

驾驶方法对提高汽车的通过性有很大的作用。当汽车通过沙地、泥泞地、雪地等松软路面时，附着力的大小起着决定性作用，故这时应该用低速档，以保证有较大的驱动力和较低的行驶速度，提高附着力；同时应尽量避免换档和加速，因为汽车速度的变化易引起冲击载荷，而使松软的土壤表面被剪切破坏，造成轮胎的附着力下降，影响汽车的通过性。当车队行驶时，后车应按前车行驶的轮辙通过，以减小滚动阻力。传动系装有差速器锁的汽车，驾驶者应在进入车轮可能滑转区之前，就将差速器锁住，以免因一侧轮胎的滑转而导致汽车通过性的降低；一旦汽车离开恶劣地段区，驾驶者应迅速将差速器锁脱开，以免对汽车的转弯行驶造成不利的影响。

在冰雪冻结的滑溜路面，将驱动轮装套上防滑链，可增大车轮与地面间的附着力，有效改善汽车通过性。

参考文献

1 魏庆曜. 发动机与汽车理论. 北京:人民交通出版社,1998
2 陈培陵. 汽车发动机原理(第二版). 北京:人民交通出版社,1999
3 余志生. 汽车理论(第三版). 北京:机械工业出版社,2000
4 张西振、吴良胜. 发动机原理与汽车理论. 北京:人民交通出版社,2004
5 全国汽车维修工等级考试配套教材编写组. 汽车维修工高级工培训教材. 北京:机械工业出版社,2003
6 林为群. 高级汽车维修工培训教材. 北京:人民交通出版社,2004
7 徐家龙. 柴油机电控喷油技术. 北京:人民交通出版社,2004
8 张志沛. 汽车发动机原理. 北京:人民交通出版社,2003